現代ホスピタリティ論

その原義から現代的意味を読み解く

山路 顕
Akira Yamaji

唯学書房

はしがき

　思い返せば国際世界との接点は長い。9年近くをロンドン、パリと連続して駐在したことや、学生時代の語学留学、企業人としてMBA留学したことなどを合わせると欧米社会の空気を11年近く吸って生活していたことになる。たかが11年であるが、法務部の12年間と続く国際部の6年は海外との往来の日々だったから、この一連の期間は国内に地に足を着けていたことの方が圧倒的に短い。この「欧米生活」で、ホスピタリティが商業的な文脈で活用されるのを体験したことがなかった点が本書の動機の重要な部分でもあるので、まずその背景描写をしておく必要があると考えた。こうして外観すると、日本でホスピタリティという言葉が新聞紙上に登場し商業活用で広まった1990年代の初めは海外から日本のホスピタリティ事情を眺めていたのである。

　帰国後、Global Alliance事業の導入で多数国の企業との提携に関わり（1999年）、大学教育、学術研究の世界に従事する中で、日本ではホスピタリティが商業に万能な、ともすると「お人よし」的なニュアンス（「無償の」、「心のこもった」等のワードの強調）も含んで性格付けられることに違和感が湧き出した。hospitalityとはそのような言葉だっただろうかと。とはいえ、ホスピタリティをめぐり、欧米世界が策略、打算、身勝手な弱肉強食だとして「お人よし・おもてなし」を一蹴しているのではない。否、hospitalityという言葉は多様な人々が共生してゆく上で切実で止むに止まれぬ事情の下で考え出され、戦略性を持った英知だったというそのコアの部分が何故か抜け落ちていると思ったのである。これら一連の糸の組み合わせがホスピタリティ研究に駆らせる原動力となり、欧米生活で身に付いたhospitality観とでも言うべきものが柾となって、日本という視点でホスピタリティの現代的意義を解明

し体系化する研究に携わることになったと思う。斯くして本書では、ホスピタリティと hospitality を使い分ける由縁にもお気づきいただけたかもしれない。

　日本ではホスピタリティという言葉が、サービス業の熾烈な競争優位の一手として、より上質なサービスを代弁する言葉として登場する。しかし、hospitality の生みの親である西洋では社会のバックボーン（基盤）であり商業の道具にはしない。また、日本ではサービス産業で必要とする気づきや愛想の好さ、笑顔を「ホスピタリティ人材」として人材確保や育成の御旗に掲げるが、西洋では hospitality は「商業人材」に向けられるものでもない。

　日本では、ホスピタリティが商業主義に都合のいい言葉として利用されていると思えるのである。勿論、商業が悪いわけではない。サービス産業に代表される第三次産業が現代社会を支えるバックボーン（屋台骨）であることは疑いの余地もない。しかし、ホスピタリティとはそういう言葉なのか、もっと別の働きや意義のある概念ではなかったのかと違和感が払拭できなくなったのである。実際にグローバルビジネスのシーンで hospitality がこのような商業の文脈で使われることはなかった。このことも違和感に拍車をかけた一因かもしれない。

　他方、西欧の視点からは兎も角、これら日本バージョンで日本の産業界や社会がそれなりの効果や便益を得ているのならそれはそれでいいではないかという言い分もある。それでもホスピタリティの何たるかを質すということであるならば、そのホスピタリティが現状にも増してどのような本来的な便益や貢献を実社会にもたらすのかを含めて明らかにしなくてはならない。ホスピタリティの実学的な側面に研究者が神経を注ぐ理由でもある。

　これらのことを意識に置き、この違和感には解を示さなければならないという思いが日増しに強くなり、発表済みの論文にも手を加えながら本書の執筆に取り掛かった。まずは、ホスピタリティとは何かを究明することをミッションに据えなければならない。グローバルビジネスの最前線や大学教育、学術研究を通しても、流石にホスピタリティの全容解明という難題は容易ではない。ホスピタリティは考えれば考えるほど、また気にすればするほどそ

の深さや広がりの糸が動的に絡まり一筋縄では解けなくなる。ともあれ、ホスピタリティとは何なのか、商業用語としてご多聞に漏れず賞味期限付きの流行り言葉にしていいのか義憤を駆り立て浅学非才を顧みず、違和感を徹底的にかつ素直に（思い込みを除きながら）立論し組み立ててゆくこととした。この部分がⅠ部である。

　次ぎなる課題は、ホスピタリティの解明が実社会との接点において何らかの形で実際に「役に立つ」ことを示すことである。「役に立つ」こととは、「今に都合のよい」点を追認することばかりではない。今の仕組みを変え未だ形になっていない新たな価値やベネフィットを示すことでもある。サービス業の現場で交わされるホスピタリティの活用には違和感がある（本論では誤謬と述べる）とするなら、違和感のないホスピタリティはどのように社会と関わり現代社会でどんな役に立つのかを示す責任がある。Ⅰ部のホスピタリティ論を踏まえてホスピタリティが様々な領域でいわば次代のパラダイムとして社会に関わり実際的な意義や役割を果たすことについて、幾つかの領域を具体的事例に掲げながら示すこととした。この部分がⅡ部である。

　まず産業社会との接点で、グローバルビジネスや新種のビジネスモデル立ち上げの経営動機となる視点にホスピタリティの概念を捉え、ホスピタリティの産業社会における実際的な意義や働きについて検証を加えた。次に、人間社会との関わりという点で「人」を育てる教育という面に目を向けホスピタリティの関わりを論じた。人材育成、就中グローバル人材のコンピテンスの涵養にホスピタリティの視点が教学のディシプリンに位置付けられるのではないか考察した。これらの実際的な分野を題材にすることで、サービス業の現場に矮小化されたホスピタリティでは導きだすことのできない実際的な意義や働きについて、実社会との接点の中で考察を試みたものである。

　最後に、グローバル化社会における日本から発信する新たなパラダイムとして「日本のホスピタリティ」の概念を掲げた。外来語のホスピタリティが日本古来の「おもてなし」文化と相互に関係し合いながら「日本のホスピタリティ」という新たな概念が醸成されたとすれば、これを世界に発信し国際社会が認知する意義は大きい。長い欧米社会との関わりの中で「日本から発

信する」というテーマは、それは何かを追い求めながらこれからの研究課題
に位置付けていたことである。欧米基準の世界化というグローバリゼーショ
ンの潮流に日本的な基準や価値観が組み込まれ、世界基準とされるパラダイ
ムに何らかの影響を及ぼすかもしれないからである。発信の実際的なツール
となるインフラとしてツーリズム、特にインバンドツーリズムを考察のフィ
ールドに据えて「日本のホスピタリティ」の発信（輸出）について考えてみた。
終章ではジェンダーや男女共同参画社会などのテーマもホスピタリティの視
点で整理したので参考にしていただければと思う。

　ホスピタリティの概念や視点を理論体系化し（第Ⅰ部）、これを踏まえた
事例考察を通して（第Ⅱ部）ホスピタリティの系統だった事例展開を可能に
することで、新たな適用事例の誘発や展開を生み出す理論的枠組みやメカニ
ズムが形成されるだろう。ここに本書のⅠ部、Ⅱ部が相互に結びつき往還す
るホスピタリティの現代的意義を「現代ホスピタリティ論」として提示する
所以がある。

　西洋発祥の hospitality の原義を梃にしてホスピタリティ理論を深めながら、
同時に現代社会との関わりや意義を具体的事例に引き出すことで、ホスピタ
リティ論に新たな視界が開けるのではないかと考える。日本で研究対象とさ
れるホスピタリティが、「おもてなし」と hospitality が相互に関係し合いこ
の両極の間で成立する新種の概念である点を先行研究から導き出し、世界へ
の発信の糸口を設け立論した。「現代ホスピタリティ論」として学術研究を
基盤に据え、研究者や大学で学ぶ人たち、社会人や実務に携わる方々の一歩
進んだ活用に、参考文献、専門書として耐えうることをコンセプトに位置付
けた。

　以上が本書のホスピタリティをめぐる探求である。「ホスピタリティをめ
ぐる誤謬」とは些か過激な導入かもしれないが序章のタイトルとした。この
違和感が紛れもない本題への思いであったので率直にここを入り口にした。
全体を終え、この過激な導入ほど新規性に富んだ論証ができているか反省が
まず頭をよぎる。ホスピタリティの概念は様々な学術的視点から捉えること
で多様な定義付けがされる。このことと他の類似概念を混同することは別で

あることは言うまでもない。読者諸氏からの忌憚のないご指摘やアドバイスをいただき、これを励みに更なる探求を深めてゆきたいと考える。

　令和2年1月

山路　顕

第Ⅱ部　ホスピタリティの現代的意義と社会との関わり

序章
ホスピタリティをめぐる誤謬

第1節　はじめに

　近年、ホスピタリティという言葉は日常生活でも常用される身近な言葉になっている。特に、日本のサービス産業の現場では多用され、「上質なサービス」「心のこもったおもてなし」のような意味で渾然一体として独り歩きしている感がある。日本では1990年代に入って、経営学や社会学の視点でホスピタリティが研究対象とされ、「サービス」とは本質的に異なること（前田 2007）[1]、「ポスト・サービス社会」[2]のパラダイムとしての意義など研究が深められている。一方、サービス産業など実社会では、ホスピタリティは「おもてなし」や「サービス」と混同、誤用され、それぞれの違いに留意する気配はない。

　ホスピタリティという外来語が「おもてなし」を括弧書きにしてメディアが日本に紹介したのは1980年代の初期であるから（第1章第1節）、1990年代になって学界で研究対象として取り上げたのはその後という事になる。以降、メディア先行型で移入されたホスピタリティは広く日本社会に広まり、学術研究と並走する形でサービス産業の業界用語化し、学術の視点からはサービスや「おもてなし」という言葉と混同し誤用しているとの指摘を生むことにもなっている。外来語としてのホスピタリティの様相や位相については章を設けてホスピタリティの登場とその背景に着目し検証する（第1章）。

　実社会と学術の視点におけるホスピタリティをめぐる誤謬論議は、外来語由来の事情と連動しながらも主たる背景に、学術的視点によるホスピタリテ

ィの概念や捉え方の実際的な有用性が実社会に届いていないこともあるのか
もしれない。サービス産業など実社会では、ホスピタリティは「上質なサー
ビス」や「心のこもったおもてなし」で充分であり、「サービス」とは本質
的に異なるものであるとか、新たなサービス社会のパラダイムだと指摘され
ても実感が伴わない。学術的な視点に実際上のベネフィットがあるなら、そ
のことを実社会の営みの中で実証的に示して貰わなければサービス業の実務
には響かないことも頷ける。ホスピタリティをめぐる誤謬の問題は、この「今
に役に立つこと」という実務的な要請と「これからを創出する」という社会
への提言の狭間に生じる乖離を検証することでもある。

　本書は、ホスピタリティについての実社会と学術的視点の間に生じるズレ
や乖離についてのいわば現代的ジレンマを基底に据え、今何故、ホスピタリ
ティが必要になっているのかを解明する試みである。とはいえ、学門と実社
会における視点の隔たりという壮大な問題に踏み込むわけではない。ホスピ
タリティに関して生じる実社会と学術的視点における不整合という点を意識
の基底に据えるという事である。この文脈では、第2章で述べるホスピタリ
ティの概念の捉え方について帰納的な考察を用いて概念整理をするのか、あ
るいは演繹的な省察により導き出すのかという考察のアプローチの仕方にも
繋がる。本書の立場を先に述べれば、hospitality の原義を明らかにした上で、
現代社会の様々な事象に hospitality がどのように関係するのか探求する中で
ホスピタリティの現代的意義や概念を導くことを試みるものである。

　本書では、カタカナ外来語のホスピタリティの原語である英語の
hospitality と、日本の「おもてなし」が相互に関係し合いながら成立する「日
本のホスピタリティ」（hospitality の日本的変容）の形成や醸成を仮説に立て
考察する（第5章）。これを踏まえグローバル化社会の欧米基準に代わるパ
ラダイムとしての発信を考察する（第8章）。これらの章では特に、一般に
語られるホスピタリティと概念の混乱が起きないように注記を加えるなど記
述に工夫をしている。第5章、第8章では、hospitality が日本に受容され「お
もてなし」概念と相互に関係し合いながら形成された「日本のホスピタリテ
ィ」（hospitality の日本的変容）に着眼し、この「日本のホスピタリティ」を

世界に発信する意味や意義を論点の中心に置く上で、一般に語られるホスピタリティと区別する必要があるためである。

　序章を「ホスピタリティをめぐる誤謬」として、本書の命題である「本来のホスピタリティを解明する」動機を頭出しするのは、ホスピタリティの学術的視点を本書のディシプリンとすることで「誤謬」とする立場を明確にし、命題から派生するホスピタリティの現代的意義を提言するためである。序章では本文の底流となる次の二つの点について項目出し抄述した上で、本書の構成について説明することで全体が概観できるようにした。

第2節　外来語というフィルター

　ホスピタリティというカタカナ外来語が日本語の中に加わり、また一つ「欧米化」の一翼を担う様相を憂える人もいるかもしれない。片仮名（カタカナ）は漢字の「真名」に対する「仮名」として位置付けられるが、平安時代に僧侶が仏教典を読むための補助記号として使用していたもの（岡本2004）[3]とされるから、漢語やひらがなと同様に日本語の中に古くから存在している。履歴書などの氏名の振り仮名がカタカナ表記になっているのもこの補助記号的な役割だったことと関係があるのかもしれない。問題はカタカナということではなく、外来語と結びついたカタカナ外来語のことである。日本の近代化を進めた「欧化政策」も一定の役割を終えたのだから、外来ばかりに目を向けず日本独自の文化や「良さ」に目を向けるべきだとの言い分もある。望月（2012）[4]は「外来語の過剰使用を文化的後進性の現れとする意識が高まり、70年代後半には一時的に外来語の回避現象が見られた」と指摘する。その上で、「外来語はこれまで周辺的な非基本的語彙として位置付けられてきたが、次第に日本語の語彙に欠けている隙間を埋める役割を担い、重要な一角を占める様になってきている」と分析する。

　日本語には存在してこなかった、あるいは置き換えが難しい概念や意味を持つ「外国語」はその音をそのままカタカナ表記し、広く使用されることでカタカナ外来語として日本語の中に基本語となり日本語化する。石綿

(1985)⁽⁵⁾では「どのような場合にどのようなきっかけから外国語を使い、どのような経緯をたどって日本語化し外来語になるのか」については未だ研究は進んでいない点を指摘した上で、「新しい事物・考え方の表現」や「新しい感じ方の表現」、「専門家時代（ママ）の専門語」、「国際化時代の影響」などを外来語化の動機付けとしている。この指摘には重要なポイントが含まれている。すなわち、外来語として日本語の一部となる言葉の中で「モノ」や、制度に関わる「コト」の他に考え方や精神性に関わる「ヒト」⁽⁶⁾に影響する言葉が日本語の基本語になることである。何故なら、そのような考え方や精神性を現す外来語が新たに必要とされるという事は、日本人の考え方や精神性に新たな概念や視点が付け加わることであり日本人がそれを求めたということだからである。抽象的な意味を成す外来語の基本語化は日本語全体の骨組みにも重要な影響を与え、また気づかれずに進むので深刻な意味を持っていることに注意を喚起する研究者の指摘⁽⁷⁾にも目を向け第1章で考察する。

　ホスピタリティという言葉は、これに匹敵する言葉が日本語にあるという人もいるだろう。オリンピック招致のプレゼンテーションで用いられた「お・も・て・な・し」である。プレゼンテーションでは、海外ではまだ認知の深まっていない "omotenashi" では通じないからこれに代わる外国語（英語／フランス語）に置き換える必要があり、それが hospitality であった。この場面では、学術研究で hospitality と「おもてなし」が異なるものだと概念整理がされている⁽⁸⁾ことなど考える由もない。今や世界語となった "kawaii" や、"mottainai" のケースも当初は cute や wasteful、deserve といった言葉に置き換え他国で説明されたであろうが、これらの説明的な置き換えでは摑み切れない語義や尽くせない語感への強い関心が高まるのも無理からぬことで、原語がそのまま受容され "kawaii"、"mottainai" として世界語になったであろう。しかし、「おもてなし＝hospitality」と日本の側で置き換えてしまった場合はどうだろうか。hospitality という言葉は長い歴史を通して西欧社会に染み込んだ言葉である。このように等置すると、受け手の側としては「おもてなし」は hospitality の日本版として理解することになり、"omotenashi"

という言葉本来への関心を向ける機会を逸することになってしまう。と同時に、発する側では両者が異なるからこそ相互に関係し合い新たな概念（「日本のホスピタリティ」）を形成するというメカニズムの解明動機や関心を閉ざすことにもなるだろう。"kawaii" や "mottainai" の場合と同様に "omotenashi" の世界語への糸口と同時に「日本のホスピタリティ」を世界に発信する機会を塞ぐことになってしまう。本書では、hospitality と「おもてなし」の概念が相互に関係し合い新たに醸成された「日本のホスピタリティ」（hospitality の日本的変容）という概念について第5章で取り上げるのでここで少し説明した。

　このように見てくると、「おもてなし」に代わる言葉としてホスピタリティがメディア主導で日本に紹介され、サービス業界を発信基地として日常でも普通に使用される現状では、今何故、ホスピタリティという言葉が必要になっているのかその真の理由や背景を検証することはホスピタリティの現代的意義を考える上でも不可欠である。更に、「日本のホスピタリティ」の現代的意義を、社会や次代に関わるパラダイムとして探求する本書においては背景の重要な状況解明になる。日本においてホスピタリティが「おもてなし」にとって代わり一般化、基本語化することを漫然と放置すれば、他の外来語がそうであったように、いずれは「おもてなし」という言葉や精神性も風化して日常で使用するのに違和感が生まれるという事態になるかもしれない。逆に、現代社会で忘れかけていた「おもてなし」が、ホスピタリティが登場することで、否、ホスピタリティという言葉が必要になっている時代だからこそ、再び意識に呼び覚まされ回帰する好機と捉えることができるかもしれない。ホスピタリティの原語である英語の hospitality、その更に原語であるラテン語（最終的には印欧祖語）の原義に立ち返り、hospitality の命脈を辿りながら「おもてなし」と交差しつつ伝播するホスピタリティの概念整理や考察が必要となっているのである。

第3節　業界用語というフィルター

　ビジネス社会、特にサービス産業の前線では、ホスピタリティも「おもてなし」も「サービス」も同類の業界用語として場面、場面で使い分けられる。ホスピタリティという言葉が「おもてなし」を括弧書きにして新聞紙上で紹介され、以降、サービス産業の前線では「おもてなし」のいわば「ハイカラ」で現代的な表現としてホスピタリティが代用され拡がっているのである。サービス産業の GDP に占める割合の増大に呼応する形で、ホスピタリティへの業界の注目が高まった形跡を第1章で検証する。同章では、産業構造の変化や社会におけるモノからヒトへの重心のシフトとホスピタリティの日本社会での広まりとの関係に注目し、同時にこのことがホスピタリティについての実社会と学術の視点との微妙な隔たりに影響を及ぼしている点について考察する。

　ホスピタリティをサービス業の前線で使用する接遇用語に位置付けることの問題は、学術的視点を持ち出さなくても理解できる。ホスピタリティという視点を産業社会においてマネジメントに取り入れたりする場合や（ホスピタリティ・マネジメント）、教育、外交の場面で使用される場合には明らかに接遇や接客という狭い意味だけでは説明がつかないからである。このように説明すると、本書が目指す hospitality の原義から演繹的に解明するという立論から離れ、あたかもホスピタリティを帰納法的に説明する論旨に与するかのようであるが、サービス前線の接遇的視点から意識を一度ズームアウトしリセットするための逆説的な説明と理解していただきたい。

　hospitality がメディアによって日本に紹介された時に、日本古来の「おもてなし」を括弧書きにしたのも、辞書に「厚遇や歓待、もてなし」という訳語がホスピタリティにあったからで、メディアが創作したわけではない。広辞苑（第6版　2008）[9] には、ホスピタリティーとして「客を親切にもてなすこと。また、もてなす気持ち」と説明されている。また、The Oxford English Dictionary (Clarendon Press, 2nd Edition 1989) には、"the act or practice of being hospitable; the reception and entertainment of guests, visitors, or strangers, with liberty and good will." と説明されており日本の辞書では英語の辞書の説明に対応する訳語を工夫していることが分かる。言葉を客観的に定義し、英語の改善の基礎を作ったとされるサミュエル・ジョンソンによる辞書の作成（A Dictionary of the English Language）[10] は以降様々な辞書の編纂に貢献し、言葉の意味や用語の使用に大きな働きをしている。辞書に掲載されているホスピタリティ／hospitality は、日常で使用するに際し言葉の現代的意味として示されたものであるから日常用語としては兎も角、その使用の場面や文脈によっては辞書の説明の基底となる意味や原義に遡った解明に依拠しなければならない。ここにホスピタリティに関する様々な学術的視点や研究による検証や考察の重要な意義や役割があることは言うまでもない。

　また、日常生活でホスピタリティというカタカナ外来語を必要とする現象は、人々の生活の中から自然発生的に湧き出たものだろうか。商業でのニーズや活動、メディアを通じた影響（流行語大賞など）を受け、社会現象として生活の中に入り込んできたと考えるのが自然である。サービス産業を中心とする業界用語としてのホスピタリティが業界を発信基地として広く日常生活に影響する形で、学術的視点との間で重要な意味の不整合が生じているとすれば、ホスピタリティの現代的問題はまずは業界事情の文脈に沿って解かなければならない [11]。「おもてなし」に匹敵するものとしてこれに代わるハイカラな言葉としてホスピタリティが社会に登場したことは、モノからヒトへ社会の重心がシフトすることと相俟って、今や国の経済の屋台骨となるサービス産業の新たな競争優位の一手に好都合な言葉であっただろう。この社会事象との連関や時代背景と照らし合わせながら、実社会でのホスピタリティの使用を確認するのに業界用語という点に目を向けることはホスピタリティの社会的様相を明らかにする上で有用である。

　本書ではホスピタリティの誤用や誤謬と並走しながら、hospitality という言葉が日本古来の「おもてなし」と相互に関係し合い、本来の hospitality が日本的に変容して「日本のホスピタリティ」という概念が形成されたのではないかとする仮説の検証を第5章に位置付けている。この仮説を検証する過

程で、ホスピタリティはサービス業の域に留まらず広い領域に関わるもので
あることが確認できると考える。すなわち、本来の hospitality が日本の「お
もてなし文化」を触媒にして「日本のホスピタリティ」(hospitality の日本的
変容）を形成し、欧米基準の世界化というグローバル化社会に新たな価値や
概念の発信（輸出）に繋がるという点である。グローバル化社会での「日本
のホスピタリティ」の発信やその意義は第 8 章の課題テーマとして考察する。
また、これらテーマの考察に際して前提として求められるホスピタリティに
ついての先行研究の学術的視点をレビューすることが第 3 章のテーマである。
　グローバル化が進む今日、世界の舞台で日本を発信し、国際的な相互信頼
の関係を構築する「グローバル人材」の育成は教育の現場でも喫緊の課題と
されている。ホスピタリティがグローバル人材育成にどのように関わるだろ
うか。グローバル人材育成の教学ディシプリンとしてホスピタリティの視点
が関わるのではないかとの仮説を本書の第Ⅱ部の第 7 章のテーマに据え、第
Ⅰ部でのホスピタリティ考察を踏まえて検証する。日本の発信を担い様々な
国との交流を図り、良好な国際関係を構築してゆくエンジンとなる人材はど
のように育成されるのか、日本全体の国家戦略の問題でもある。この文脈で
もホスピタリティの視点はサービス業の業界用語の域では捉えることはでき
ない。
　再び序章のタイトルに戻る。「ホスピタリティをめぐる誤謬」としたのは、
誤りや混同を個々に指摘するのが目的ではなく、ホスピタリティには本来ど
のような可能性が内包されていて、それをどのようにして認識し発掘するの
か、その手掛かりを見つけるためである。すなわち、目前の商売に視線を固
定し狭めるのではなく、ホスピタリティが日本の社会にどう役立つのか、欧
米基準の世界化というグローバリゼーションが生み出す世界の秩序にどう関
わり、欧米基準に代わる新たなパラダイムの発信となるのか、これらを検証、
再確認することである。「日本のホスピタリティ」を世界に発信する意義は、
欧米基準の世界化というグローバリゼーションの潮流に新たなパラダイムを
提示する含意にも訴求する。ホスピタリティを業界用語というフィルターで
狭めてしまうのは大きな可能性を見失う。いかにも "mottainai" のである。

以上の視点を踏まえ、改めて本書の構成について次節で概説する。

第4節　本書の構成

　本書は第Ⅰ部と第Ⅱ部に分かれている。Ⅰ部ではホスピタリティとは何なのか、どのような時代背景のもとに何のために誕生した概念であり言葉なのか、また、今何故、ホスピタリティに関心が向くのか、ホスピタリティの現代的意義は何なのかという問題意識を基底におき、ホスピタリティの先行研究も踏まえ考察を進める。導入ではホスピタリティというカタカナ外来語の言葉の由縁に意識を向けることで、ホスピタリティという言葉に対する思い込みや固定概念の視点をリセットする。また、日本に移入されたホスピタリティと原語である hospitality、更にその原義の命脈を検証する中で、日本古来の「おもてなし」との類似性や異質性を俯瞰しつつ、カタカナ外来語としてのホスピタリティは原語の hospitality と日本の「おもてなし」が相互に関係し合い新たに醸成された概念や精神性ではないか仮説に立ち検証する。更にこのホスピタリティがグローバリゼーションの時代を担う考え方として、世界化する欧米基準という潮流の中で新たなパラダイムになるのではないかとの含意を重要な問題提起としたい。

　第1章では、日本にホスピタリティという言葉がどのような経緯で移入されたのか、新聞紙上での扱い記事数をベースに日本社会での注目の推移をレビューする。ホスピタリティという言葉に対する注目が社会状況とどのように関係しているのかを検証することで、日本社会のホスピタリティへの期待が何を意味するものなのかを明らかにする。ここから、貿易、「モノ」への依存社会から「ヒト」や人間の交流へと日本社会が舵を切ってゆくこととホスピタリティへの関心の深まりが連動し、それまで社会の軸となっていたパラダイムが大きく転換することがホスピタリティの登場背景に密接に絡んでいることを検証する。

　第2章では、ホスピタリティの現代社会における捉え方に二つの視点を指摘する。一つは原義の解明に立脚した演繹法的な捉え方から現代の様々な事

24

象への適用を試みる視点である。hospitalityをベースとする「ホスピタリティ」の現代的意義を探求する本書では、まず原義を解明した上で原義の視点から現代の様々な事象のホスピタリティ的意味を検証することに目を向ける。二つ目はホスピタリティの主体者であり客体者となる人間からホスピタリティの対象となる事象を捉える視点である。「人間」を個としての「ひと」とする視点からはホスピタリティは人間の「気持ち」や「感動」、「行為」という点に焦点を当てることになる。一方「人間」を全体としての「人間社会」と捉える視点からは社会の倫理や規範という視点でホスピタリティの対象を捉えることになる。

　第3章ではホスピタリティ研究のレビューを通し、ホスピタリティの概念、定義について先行研究を踏まえ明らかにする。

　第4章ではhospitalityと「おもてなし」の関係に注目し、日本で語られるホスピタリティはこの両者を両極に稼働域を持つ概念ではないかとの仮説に向けて立論する。第5章では、ホスピタリティが実はhospitalityと日本の「おもてなし」が相互に関係し合い新たに醸成された概念、精神性としての「日本のホスピタリティ」（hospitalityの日本的変容）とでも言うべき概念であることを考察する。更に第4章で立てた仮説について先行研究を踏まえ実証する。「おもてなし」の概念や意味を日本の風土や文化に訴求しながら検証する。

　Ⅱ部では、ホスピタリティの概念についてⅠ部での検証や考察を踏まえ、ホスピタリティが社会でどのように活かされるのか具体的な事例に言及し、Ⅰ部の考察に対する実際的な意義や働きについて検証する。序章の初めに述べたホスピタリティについての実社会と学術的視点とのズレや不整合を、学術的視点の側から実際的な有用性や現代社会との係りを示す。第6章では、産業社会におけるマネジメントに、ホスピタリティの視点がどのように活かされるのか考察する。グローバル化するビジネスの戦略提携や、既定のビジネスの枠組みを根底から覆すビジネスモデルの経営の契機、マネジメントをホスピタリティの視点から検証し、産業社会におけるホスピタリティの実際的な関わりや働きを示す。この章では、グローバルな提携がネットワーク展開に不可避な戦略となる事例や、事業の既定構造を根底から変革することで

格安料金を提示するという垂直的差別化戦略[12] を実現するビジネスモデル
など航空の事例を素材としつつマネジメントにおけるホスピタリティの視点
の一般化を試みる。航空を事例に引くのは、航空という空間が宿泊の場であ
り食事をするレストランであり、また観劇など劇場となる多様な顔を持つ移
動インフラであり、他文化が遭遇し様々に異なる「ヒト」を迎える場として、
ホスピタリティを検証する好材であるからである。

　第7章では、人間社会の要である教育においてホスピタリティの視点がど
のように活かされるのか、次代を担う人材の輩出に直結する高等教育、大学
教育にハイライトして考察する。グローバル人材育成は国の喫緊の課題であ
り成長戦略に位置付けられる。外国言語や他文化の壁を乗り越え、日本とい
う国を担い世界に関わってゆく人材にはどのような資質や能力（コンピテン
ス）が求められるのか、そのコンピテンスの涵養は高等教育の場でどのよう
になされるべきなのか、ホスピタリティの視点を教学のディシプリンとする
グローバル人材育成の教育について考察する。

　第8章では、ホスピタリティの発信を命題に、hospitality と「おもてなし」
が相互に関係し合い醸成した「日本のホスピタリティ」という概念や精神性
をいわば日本の資源と位置付ければ、グローバル社会への発信（輸出）とい
う観点で考察することができる点についてインバウンドツーリズムを素材に
検証する。国際社会におけるホスピタリティの関わりを EU の形成[13] や、
“Asia is One” を提唱した岡倉天心の思想[14]、ソフトパワーの論理も視野に
入れ、欧米基準の世界化というグローバリゼーションの事象が本章の考察背
景や議論のフィールドになる。本章ではインバウンドツーリズム（訪日観光）
をテーマに取り上げ、「日本のホスピタリティ」発信のインフラとして位置
付け、ホスピタリティの発信の実際的な意義を検証する。

　終章では、ホスピタリティが産業主導的な接客や接遇の作法とされがちな
風潮に、あえて「誤謬」という鋭角の切り口を設け、時代が求めるホスピタ
リティの現代的意義や実際的な役割について全体の章を踏まえて訴求する。
モノと貨幣の等価交換を至上命題としてきた現代社会では、人間は人件費と
いうコストに位置付けられる。「人間らしさ」の希望は現実社会では非現実

的な「負け組」の恨み節とされる。この社会の根底に目を向けるきっかけとなり新たな次代のパラダイムとしてホスピタリティの視点を取り上げる。自分と異なる他者を寛容性の精神で受容し、異なる人間同士が共生する多文化共生社会のディシプリンとして hospitality の視点に注目する。日本社会の喫緊の課題とされるグローバル人材育成の要となるグローバル・コンピテンスの涵養にホスピタリティの視点との相関・親和を解明することは成長戦略の重要な糸口にも繋がる。ホスピタリティの視点からジェンダーの問題に向き合い、日本の男女共同参画社会を考察する。

産業社会ではグローバルビジネスや新たなビジネスモデルの経営の契機にホスピタリティの視点が採り込まれる。国の枠組みを超えて異なる他者と協働する上で求められる寛容性の姿勢は戦略的なグローバルビジネスには緊要な志向である。産業や企業の取り組みにおいてもホスピタリティの視点は新たなビジネスモデルを創出するパラダイムとしてワークする点を考察する。

新たな社会やビジネスの創出は、ホスピタリティを接客や接遇というサービスの業界用語に矮小化してしまうことからは生まれない。ホスピタリティをめぐる誤謬という障壁を取り除くことで、ホスピタリティの現代的、実際的な意義や可能性を見出す社会的利益は実に無限大であることの突破口を探り、ホスピタリティの過去、現代、未来を展望する。

注

（1）前田勇（2007）『現代観光とホスピタリティ』、学分社、p.25、では「サービスをホスピタリティに置き換えることは不適当であるだけでなく、明らかな誤り」だと指摘する。
（2）服部勝人（2011）『ホスピタリティ学のすすめ』、丸善出版、pp.7-9.
　　福原義春（2008）「文化資本とホスピタリティ」『特集ホスピタリティ世界の文化学』、iichiko No.100, p.20 で物と貨幣の交換を基本原理とした産業主義型経済からの移行に触れ、「経済は〈サービス経済〉から〈ホスピタリティ経済〉にシフトしなければならない時代」と指摘する。

（ 3 ） 岡本佐智子（2004）「外来語の受容と管理：言語政策の視点から」『北海道文教大学論集』第 5 号、pp.52-53.

（ 4 ） 望月通子（2012）「基本語化を考慮したカタカナ外来語の学習と教材開発」、『関西大学外国語学部紀要』第 6 号、p2.

（ 5 ） 石綿敏雄（1985）『日本語の中の外来語』、岩波新書、pp.71-72.

（ 6 ） 山上徹（2011）『ホスピタリティ精神の深化』、法律文化社、pp.25-30、では、文化の伝播の遅滞に言及し、「物質的文化→制度的文化→精神的文化の順序で伝播」することに触れ、「文化の伝播は、ますモノ・コトが伝わり、最後にヒトの精神的所産を変容させる」点を指摘する。

（ 7 ） 望月通子（2012）上掲論文、p.3.

（ 8 ） 寺阪今日子・稲葉祐之（2014）「〈ホスピタリティ〉と〈おもてなし〉サービスの比較研究」『社会科学ジャーナル』78、pp.86-96.
徳江順一郎（2012）『ホスピタリティ・マネジメント』、同文館出版では、「『ホスピタリティ』＝『おもてなし』ではない。まずはこの点をしっかりと頭に刻み込んで頂きたい」と注記する。はしがき（ 1 ）.

（ 9 ） 広辞苑の第五版（1998 年）にはホスピタリティは掲載されていない。大辞林の1990年第 2 刷にはホスピタリティーの説明として「①訪問者を丁寧にもてなすこと。②非定住の宗教者や異郷からやってきた特殊な職業人を神の化身の如く見做して歓待する風習。異人歓待。外者歓待」としている。また、大辞泉の第二班（2012 年）には、ホスピタリティーを掲げ「①心のこもったもてなし。手厚いもてなし。歓待。また、歓待の精神　②異人歓待」と説明する。

（10） 梅田修（1985）『英語の語源物語』、大修館書店、pp.12-13.

（11） 前田勇（2011）『現代観光とホスピタリティ』、学分社、では、「本来の意味である行動規範を意味するものとしてのホスピタリティと、業界用語としてのホスピタリティは "平和共存" していた」（p.1）とし、サービスとの混同についてビジネス用語としてホスピタリティとは無関係のものと指摘する（pp.22-30）。

（12） 同種のビジネスの中で（例えば航空輸送とか食事の提供など）で質の根本的な変革をすることで競争優位を達成する経済学の理論。村上英樹（2006）『航空の経済学』、pp.93-95、ミネルバ書房では、高級中華料理店とラーメン屋を例にそれぞれの顧客層が異なるケース（両店での客の奪い合いは生じない）を出し垂直的差別化戦略を説明する。近年、市場を席巻する格安航空（LCC）のビジネスモデルについてもこの経済学の理論が援用できる。

（13） 国の枠組みを超えた現 EU の基礎となる Fraternity（友愛）という考えが青山光子の次男であるリヒャルト・クーデンホーフ・カレルギーの論文 "Totalitarian State against Man"（1923）の中で示されている。古代ローマを再現する hospitality の考

えに繋がるものがあり興味深い。
(14) 山路顕・中嶋真美（2010）「ホスピタリティについての一考察—日本から発信するホ
　　スピタリティ」、『論叢』玉川大学文学部紀要、第50号、pp.171‒172.

【参考文献】

石綿敏雄（1985）『日本語の中の外来語』、岩波新書

梅田修（1985）『英語の語源物語』、大修館書店

岡倉天心（1986）『東洋の理想』、講談社

クーデンホーフ・カレルギー、鳩山一郎・鹿島守之助・深津栄一訳（1970）『クーデンホ
　　ーフ・カレルギー全集6』、鹿島研究所出版会

服部勝人（2011）『ホスピタリティ学のすすめ』、丸善出版

福原義春（2008）「文化資本とホスピタリティ」、『ホスピタリティ文化学』、iichiko No.100

前田勇（2007）『現代観光とホスピタリティ』、学文社

望月通子（2012）『関西大学外国語学部紀要』、第6号

山路顕・中嶋真美（2010）「ホスピタリティについての一考察—日本から発信するホスピ
　　タリティ」、『論叢』玉川大学文学部紀要、第50号

山路顕（2016）「日中韓、北東アジア・オープンスカイ航空市場に向けての一考察」、『日
　　本国際観光学会論文集（第23号）』

山上徹（2011）『ホスピタリティ精神の深化』、法律文化社

【コラム①】

「一つのアジア」とホスピタリティ

　下の銘言は ANA の 2 代目社長、岡崎嘉平太の言葉である。ANA という
より、1972 年の田中角栄総理―周恩来首相による日中国交正常化をお膳立
てした立役者という方が分かりやすいかもしれない。「信念は縦に一本貫き、
愛はどのような人にも広がる」と言っているのであろうか。「井戸を掘った人」
（中国人は水を飲むとき、井戸を掘った人を忘れない）として中国では「老
朋友（ラオポンヨウ）」と呼ばれ敬われている。

　岡崎の信念は「大アジア」の形成に貫かれ、ANA の社長時代には経営幹
部によく広い視野で物事を考えるように訓示した。「アジアは一つ」を唱え
た岡倉天心の思いとも重なるだろ
うか。この信念は ANA の中国線の
展開に結びつき（世界最大のネット
ワーク）、グローバルな視点で経営
展開するというアライアンス戦略
を動かした。

　今、世界の空はオープンスカイの
潮流の下で EU には単一航空市場が
形成され（1997）、オーストラリア・
ニュージーランドには統合航空市
場（2003）、アセアン 10 ヵ国航空
自由化（2015）が進んだ。この動
きの中で、日中韓の北東アジアが未
だ空白（White Spot）になってい
る。高 Context 文化（第 5 章 3 節
参照）を共有するこの地域に、遠来
の朋を「おもてなし」の精神で迎え
る共通航空市場が形成されるとす
れば、岡崎の「大アジア」構想がま
た一歩近づくことになる。

「大アジア」を目指す岡崎嘉平太

周首相に迎えられる岡崎（1971 年 3 月）

第Ⅰ部　ホスピタリティの概念と現状
―ホスピタリティとは何か―

第1章
ホスピタリティの登場と背景

第1節　ホスピタリティの登場

　朝日新聞のデータベース（聞蔵Ⅱ）を使用して、新聞紙上でホスピタリティという言葉を検索すると、最初にホスピタリティの言葉が登場するのは1980年8月10日の朝刊である。日本人の海外渡航の増加に触れ、その8割－9割が男性であり、団体観光での「買春」がひんしゅくを買っていて、フィリピンの婦人、宗教団体から「買春観光」への抗議が日本政府にされていたことを紹介する記事の中で、「マニラには、バーやトルコふろ、ナイトクラブが激増し、『ホスピタリティー・ガール』などという名称での売春婦が増えている」との記述がある。ホスピタリティではなく、ホスピタリティーとなるのは、「外来語の表記」にかんする内閣告示第2号（平成3年6月28日）によると、英語の語尾の -ar、-er、-or、-y などに当たるものは原則として長音符号「ー」を用いて表すことになっているからこれに従えば、本来は「ホスピタリティー」が正しいのである。一方、実際の使用においては、文字スペースの有効利用やテンポの良さなど「言葉の経済性原理」が働きホスピタリティーではなくホスピタリティが使用され定着することになる。「マネージャー」が「マネージャ」、「マネジャー」となるのも同じ現象のようである。本書ではホスピタリティと表記する。

　1980年から1985年までの間には、上記記事の紹介のような歪んだ出来事に流石にホスピタリティという言葉を使用するのは読者市場に響かなかったのか、ホスピタリティは拡がることもなく立ち消えになっている。その後、

表1-1　ホスピタリティの意味、解釈

意味カテゴリー	具体的な表現	件数
もてなし	もてなし（おもてなし）	47
	親切なもてなし	4
	温かいもてなし	3
	心のこもったもてなし	2
	手厚いもてなし	4
	温かいもてなしの心	3
	もてなしの良さ	1
	もてなしの心（もてなし心／おもてなしの心）	38
	もてなしの精神	5
	おもてなし度	1
歓待	歓待、厚遇	5
	歓迎	2
	接遇	1
	接待	1
気配り	厚遇心、人を温かく迎える心（歓待の精神）	3
	（他者を）思いやる心	2
	気配り	1
親切	親切心	1
	親切	1
快適性		1

（出所）王文娟（2014）「『ホスピタリティ』概念の受容と変容」、『広島大学マネジメント研究』、第15号より筆者作成。

ホスピタリティが登場するのは 1985 年 2 月 27 日の朝日新聞の朝刊である。食糧難のアフリカを取材する外国人記者達を親切に案内するスーダン人のガイド兼運転手の祖国「スーダン人のホスピタリティー（温かいもてなし）」として「温かいもてなし」を訳語として付記している。1985 年から 2015 年（12月 2 日迄）までの間にホスピタリティの用語は 643 件ヒットするが、当初は多くの使用において「おもてなし」を言い換えとして括弧書きに付け加えている。未だカタカナ外来語として日本語の中に認知されていないため、この言葉に相当する日本語の置き換えが必要だったのである。王（2014）[1] はこの括弧付けの意味解釈をチェックして表 1-1 のように分類している。これによると 1985 年から 2011 年までにホスピタリティが確認できる 552 件の内、126 件が括弧付けの言い換えを伴っており、その言い換えの最も多い「おもてなし」で括られる表現が 86％を占め、「歓待」が 9.5％、そのあとは、「気

表1-2　ホスピタリティについての大学生アンケート

【ホスピタリティについて】

	聞いたこと有	説明できる	学びに関心
法学（男）	54.8	18.8	38.7
法学（女）	83.3	22.2	66.7
文学（男）	65.8	22.9	44.7
文学（女）	92.1	22.6	61.9
国関（男）	57.8	20.8	42.2
国関（女）	81.8	11.4	63.6
映像（男）	63.2	12.5	47.4
映像（女）	71.4	14.7	55.4
法学全体	62.8	20.9	46.5
文学全体	82.2	22.8	55.4
国関全体	65.7	14.7	49.3
映像全体	69.3	13.5	53.3

（数字は％）

【聞いたこと有の推移】

	2017年	2015年
法学（男）	54.8	41
法学（女）	83.3	85
文学（男）	65.8	45
文学（女）	92.1	78
国関（男）	57.8	72
国関（女）	81.8	86
映像（男）	63.2	50
映像（女）	71.4	67
法学全体	62.8	68.3
文学全体	82.2	67
国関全体	65.7	81
映像全体	69.3	57.6

（数字は％）

（出所）筆者作成。

配り」が3件、「親切」が2件あり、「快適性」と解釈するものが1件あったとしている。

　このような「ホスピタリティ＝おもてなし」のメディア発信が実社会でどのように反映されたのか、片鱗は一般書の「おもてなし本」がホスピタリティという言葉を使いながら書店を賑わせていることでも窺うことができる。インターネット通販サイト、Amazon.comでホスピタリティ一般書を検索すると2017年9月時点で339冊ヒットするがこれは2009年時点[2]の7倍もの伸びである。また、流行り言葉に敏感な大学生にホスピタリティについて尋ねたアンケートでも実社会での反応を捉えることができる。例えば、「ホスピタリティから何を連想するか」の問いに、第一が「おもてなし」であり、「サービス（業）」、「ホテル」、「思いやり、親切、心遣い」が続く結果を示すアンケートなども一つの参考になる[3]。

　勤務校での全学横断型キャリア教育科目の受講生295人[4]（法学部、文学

部、産業社会学部、国際関係学部、映像学部の 1 回生から 4 回生、有効回答 286 人、内男子 133 人、女子 153 人）にホスピタリティについて尋ねた結果をまとめたものが表 1-2（2017 年度、右表は 2015 年度の結果を対比）。これによればホスピタリティという言葉を「聞いたことがあるか」の問いに半数以上 8 割強の学生がある（男子平均で 60.4％、女子平均で 82.2％）と回答しているが、回答者に「ホスピタリティを説明することができるか」を訪ねた問いでは、できると回答した学生は 2 割弱に留まっている（男子で 18.8％、女子で 17.7％）[5]。更に「ホスピタリティとおもてなしは同じものだと思うか」の問いでは、「そう思う」が 20％前後（男子で 23％、女子で 18％）なのに対し「いいえ」が男女共に 31％で、「どちらともいえない」が約半数を占める。

第 2 節　ホスピタリティへの戸惑い

「ホスピタリティ」がメディア先導で日本に導入され、いわば業界用語として実務社会が反応する風潮の中で、学と業界の間にいる社会に出る前の大学生の間ではどのように受け止められているのか、以下のような点が分かる。大学生はアルバイトなど社会との接点を通して、ホスピタリティという言葉をよく耳にするが、おもてなしとも異なると思う一方、ではホスピタリティとは何か説明することができずよく分からないと答えている。では、「ホスピタリティを学ぶことに関心があるか」を訪ねた問いでは、いずれの学部も女子学生が高い関心を示している（55.4 ～ 66.7％）のに対し男子学生の関心が低く、法学部の男子では 40％を下回っている。全学部を通して女子が 61.9％とホスピタリティを学ぶことに関心が高く男子の 43.3％を大きく上回っている。学部での専攻学門の要素も考慮する必要があるが、ホスピタリティは女子学生に比べ男子学生の関心が低い。学部で見ると法学部の男子の関心が低く（38.7％）、女子学生の中で見ると映像学部の女子の関心が低い（55.4％）という結果になっている（図 1-1）。

そもそも、hospitality は第 3 章で先行研究を通してレビューするように、古代社会で「未知の異人を歓待する」ことでお互いに共生する生き残りのた

図1-1　学部、男女によるホスピタリティへの関心度

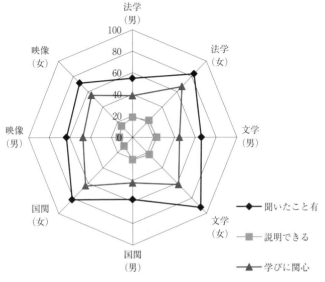

(出所) 前掲アンケート調査―脚注（4）―より作成。

めの英知であり概念である。このことからすれば本来、ホスピタリティは男子と女子の間で関心にこれほど大きな差が出ることではない。否、むしろ原義からすれば男子の側の関心がもっと高まってもいいはずだ。このように考えると、現代の日本社会でホスピタリティはサービス業における接遇、接客や日本旅館における女将のおもてなしとダブって「女性領域のテーマ」として位置付けられ広がっているのではないかと考えられる。この点の検証もホスピタリティの解明には必要な分野になってくるだろう（「ホスピタリティとジェンダー」のテーマとして終章で触れる）。

　以上のような実社会の様相に比し、学術研究の分野ではどうだろうか。ホスピタリティが経営学や社会学の視点から研究の対象とされ学会や推進協会の活動に繋がる[6]のは1990年代の初めで比較的新しい研究領域である。学術的にはホスピタリティと「おもてなし」、「サービス」は全く異なるものとして概念整理がされ（寺阪・稲葉 2014）[7]その違いの中にこそホスピタ

リティの意味や現代的意義が究明される。ホスピタリティの学術的研究については第3章でレビューする。一方では、新聞紙上でホスピタリティの日本語訳が「おもてなし」とされたことがきっかけとなり、特にサービス産業の社会では「ホスピタリティ＝おもてなし」として場面、場面で言葉を使い分け、あるいは「サービス」とも混同して使用する現象が起きている。ホスピタリティの業界用語化とも言える現象が学術的研究と併行しながら進み、大学生はアルバイトなど社会との接点を通して一定の関心を示しつつも、ホスピタリティを業界用語として学びや研究への意欲（動機）に繋げることについては戸惑いを示しているのである。これら様々な様相を生む背景分析や問題の所在を整理することは本書の展開において不可避である。この検証を踏まえてホスピタリティとは何なのか、今何故、ホスピタリティなのか、そしてホスピタリティの現代的意義や現代社会との実際的な関わりを明らかにすることが本書の命題であるからである。

第3節　ホスピタリティ登場の背景（1）：
外来語が日本語になるとき

1　外来語が日本語化するプロセス

　ホスピタリティをカタカナ外来語という角度から眺めると新たな視点や分析の糸口が見えてくる。序章の第2節で概略を述べたが、本項では少し深く考えてみたい。ホスピタリティが日本に登場するのは第1節で見た通り1980年代の後半になってからである。カタカナ外来語が日本語の基本語として定着するプロセスを金（2011）[8] は、(i)「外国語」から「外来語」へ借用、定着する局面、(ii)日本語語彙の周辺に「非基本語」として存続する局面、(iii)語彙の中心部で「基本語化」する局面とそのプロセスを分析する。この過程に当てはめれば、ホスピタリティは(i)から(ii)への移行途上にあると言えるだろうか。一方、大正期に日本自動車会社の石沢愛三社長が初めて使用したとされる「サービス」という言葉は既に日本語の中で「基本語化」している。その他にも大正、昭和の初期、また高度経済成長の時期に導入され基

本語化した外来語は既にたくさんある。

　岡本（2004）[9] では外来語の日本導入事情について、「外来語の急増は大正末期から昭和10年にかけて更に拍車をかけた。『モダンガール、モダンボーイ』という言葉が流行り、庶民は『モダン語』を通じて欧米文化への興味が高まってゆく。……戦時中は外来語使用が中断されたが、戦後になると復活し、著しい増加をみせる様になる。……日本が経済成長を遂げ、国際社会へと踊り出すと、欧米の豊かなモノ・コトからの摂取は目覚ましく、それらは片仮名表記で紹介されたことから、外来語が『カタカナ語』と呼ばれるようになる。……日本が高度経済成長の波に乗るのに合わせて、マスコミ先導で外来語のツナミ時代を迎える。50年代に登場した『外来語の乱用』批判は、60年代には『外来語の洪水』になり、70年代には『外来語の氾濫』という非難の強い表現に変化してゆく」と指摘している。すなわち、カタカナ外来語は日本の近代化、経済成長の波に乗って欧米の豊かな「モノ・コト」の移入として日本語化してきたのである。岡本が指摘する「マスコミ先導で……」というくだりは本章でのキーワードとも重なるので頭に留めておきたい。

　カタカナ外来語はもともと表音文字である英語など元となる外国語（原語）の音を更にカタカナ音で表記した「表音文字」だから、そのカタカナ語に独自の意味はない。従って、カタカナ表記された外来語の意味は原語に戻らなければならない。その言葉が「モノ」を指す場合は、その「モノ」が目前に示されているからカタカナ外来語の意味も「モノ」と一体となり了解され、外来語はその「モノ」と歩調を合わせ頒布、伝播することになる。ピアノやバイオリン、ギターやオルガン、シャープペン、ボールペン、ノート、バス、タクシーなど身近な事例に枚挙にいとまがない。これらの外来語は、それまでの日本には存在しなかった「モノ」であるので既存語に言い換えることができず、日本語の一部として「基本語化」[10] し日本語として重要な役割を担うようになる。これ等の外来語が無ければもはや日本人の生活が成り立たなくなるからである。

　一方、その言葉が制度や仕組みといった「コト」を示す場合にはどうだろ

うか。「モノ」の場合とは違ってその「コト」の内容が説明され、その必要性が了解されなければならない。この例には、ラグビーやゴルフ、フィギュアースケートやクリケットなど「スポーツ」に関する言葉が例として分かりやすい。これ等「コト」に関するカタカナ外来語の場合はその原語が意味する内容に対する関心や必要性を踏まえて、内容となる制度や仕組みが説明され了解（日本における有用性が理解）されればその制度や仕組みが移入され生活の一部を構成して、カタカナ外来語として日本社会で新たな制度や仕組み（「コト」）を形成する言葉として基本語化する。

バスやタクシーのケースでは、前者は omnibus という語から bus という言葉を通して外来語のバスとなるが、日本語でも移動用の乗合自動車という用語が存在しているし、後者では「一般乗用旅客自動車」と道路運送法で規定されている。いずれにしても日常生活ではこれらの日本語はむしろ馴染まず、カタカナ外来語のほうが使いやすい。また、バスやタクシーは「モノ」である自動車の種類を指す一方、運送サービスという仕組みや形態、制度という「コト」を代表する言葉でもあり、「モノ」の移入はその使われ方という面で「コト」という制度を引き入れることにもなるだろう。

IT の発達と生活への浸透に伴い、コンピューター用語などは専門家でなくてもそのカタカナ外来語を理解できなければ、生活に大きな不都合が生じる。この場合は、関心の有無という使用者の自由意思を問わず、社会のシステムとして必要とされることになる。我々の日々の生活や我々自身のあり方までもが、知らず知らずのうちに外来語というツールを通して制御され誘導されているということになるだろう。

2 考え方を示す外来語が日本語化すること

では、その言葉が「モノ」でもなく「コト」でもない「考え方」のような抽象的な概念の場合（ここでは「ヒト」[11] と表現する）はどうか。例えば、「サービス」や「オリジナリティ」、「パーソナリティ」、「グローバリゼーション」、「ダイバーシティ」、「アイデンティティ」など、これまた例を挙げると身近な生活にも驚くほど多い。これらの言葉は、物や制度、仕組みといった具体

的なものではなく抽象的な概念や内容を現している。抽象的な概念や内容を
持つ言葉は日本語の中にも「詫び」や「寂」などに限らずたくさんある。「お
もてなし」もその一つと言えるかもしれない。これら抽象的な概念や意味と
いうのは日本の文化や風土の中で、そこで暮らす人々が自ら生み出してきた
ものだから、その意味や内容は深く掘り下げずとも生活の一部となって後世
の我々もそれらの言葉を使いながら違和感なく生活している。

　この文脈で欧米における hospitality について考えてみると、近藤（1995）[12]
では「欧米のサービス・マネジメントの分野でこのホスピタリティそのもの
が研究対象として取り上げられたことはほとんどない」点に言及している。
また、徳江（2012）[13] は、欧米では「（様々な学問分野において）ホスピタリ
ティに触れる形で研究は行われてきたが、ホスピタリティそのものに関する
研究はそれほど古くからあるわけではない」と指摘する。拙稿（2010）[14]
では、「古代ローマ社会で誕生し欧米の歴史・風土の下で醸成された
hospitality という言葉が現代でも社会の骨格を成す空気や水の如く当たり前
のものだから hospitality 自体が研究の対象になりにくかったのではないか」
と分析した。では、そのような抽象的な概念や意味を持つ外来語をカタカナ
表記にして我々の社会や生活の中に持ち込み使用する場合には、どのような
ことが問題となるだろうか。

　望月（2012）[15] は、抽象的な意味を成す外来語の基本語化は重要な課題
だとした上で「20 世紀後半に基本語化した外来語には、生活の近代化とい
う言語外的な条件によってその使用が増えた」ことを指摘し、「抽象的な外
来語の基本語化は、具体的な外来語と違って、文章・談話の骨組みを成す語
群に外来語が進出することであり、その基本語化自体が気づかれにくいこと
もあって、日本語にとってより重要かつ深刻な意味を持っている」としてい
る。この指摘は、1980 年代の中頃（望月の指摘する 20 世紀の後半）にカタカ
ナの外来語として日本に入ってきたホスピタリティに当てはめて考えると興
味深い。メディアが紹介したホスピタリティという言葉には「おもてなし」
という日本語を訳語としたから、望月の指摘する日本語における「重要かつ
深刻な意味」はより複雑になる。つまり、ホスピタリティが日本語の骨組み

や文脈の中で「おもてなし」の代わりとなると同時に、結果的に世界語であるホスピタリティが「おもてなし」を風化させてゆくのではないかと思えることである。

　また、何故ホスピタリティの場合はその他の考え方や精神性を現す（「ヒト」）外来語の移入時期から遅れて今の時期に日本の社会にカタカナ外来語として登場することになったのだろうか。「モノ」や「コト」ではないホスピタリティという考え方（「ヒト」）がカタカナ外来語として日本で求められたことの意味を究明することは、今何故、ホスピタリティなのかの問いの答え探しでもある。次節で検証する社会背景に繋げて考えてゆくこととする。ホスピタリティという言葉を求めた社会の状況とは何だったのだろうか。

第4節　ホスピタリティ登場の背景（2）：
　　　日本社会が変化するとき

　80年代後半からマスコミ先導で移入されたホスピタリティは図1-2に示す通り、その使用頻度が1997年に一つのピークとなり、2007年、2008年に更なるピークの山を作っている。時期的には、前掲岡本の説明にある「外来語の氾濫」という騒然とした時期を過ぎた次の局面ということになる。また、前掲王（2014）[16]はこれを1997年のピークは、「1998年に行われた長野冬季五輪やパラリンピックがその原因である」と考え、2008年の山は、「2000年から政府が外国人観光客の誘致に本腰を入れ始めたからである」として、ホスピタリティはツーリズムの波と相俟って広がってきたと分析している。

　1997年や2007年、2008年の背景となる、1980年代の後半から2008年くらいまでの日本の状況を見てみると（図1-3参照）、まずプラザ合意（1985年）でドル高の是正、ドルの安定化に向けての取り組みに日本も大きく巻きこまれる時期である。日本の貿易黒字が引き起こす日米貿易の不均衡が取り沙汰され、この貿易収支の不均衡の解消に向けて運輸省（現 国土交通省）が日本人の海外渡航の倍増を推進する。旅行収支による日本側からの支払いを増やすことにより貿易摩擦の改善に腐心し（テンミリオン計画　1987年）、併せて

図 1-2　ホスピタリティの言葉の登場と使用動向

(出所) 王 (2014*) より筆者作成 (* 脚注 (16) 参照)。

図 1-3　1980 年代から 2000 年初期の社会の様相

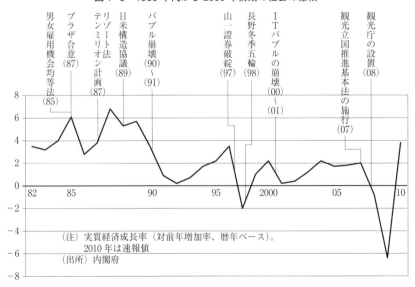

男女雇用機会均等法 (85)
プラザ合意 (87)
テンミリオン計画 (87)
リゾート法 (87)
日米構造協議 (89)
バブル崩壊 (90) 〜 (91)
山一證券破綻 (97)
長野冬季五輪 (98)
ITバブルの崩壊 (00) 〜 (01)
観光立国推進基本法の施行 (07)
観光庁の設置 (08)

(注) 実質経済成長率 (対前年増加率、暦年ベース)。
　　2010 年は速報値
(出所) 内閣府

(出所) 『日本経済新聞』2011 年 2 月 22 日より筆者作成。

リゾート法（1987 年）を成立させリゾート施設・テーマパーク建設を誘発し、貿易黒字の国内消費を促進することで海外投資を控えたのである。国内の地方各所に外国を模したテーマパークを作ることで国民の意識を海外に向け海外旅行（アウトバウンド）への関心を高めることも怠らなかった。また、貿易摩擦を契機として日米間に日米構造協議が設けられ（1989 年）、貿易強国の基盤となっている日本経済の構造改造に着手することを迫られている。このアウトカムとして注目されるのは、公共投資の拡大による日本マネーの国内シフトや、土地税制（農地）の改革による米資本の導入許容、大規模小売店の自由化による海外企業の参入機会を受け入れるなどの環境整備を進め、海外に閉鎖的と指摘された日本市場の開放を内外に示したことである。

　経営学者 P・F・ドラッカーが提唱する企業経営における「MBO（Management by Objectives）」が日本の企業のマネジメントに導入され、今までにやったことのない業績目標の設定やその実現、MBO にリンクした人事考課などを始めるのもこの頃である。人事考課など不透明な聖域とされてきた人事評価のブラックボックスが透明化されるという期待と、併せて具体的な業績目標の設定など今までに経験のない米国型の仕組みが日本の企業風土に移植されたのである。今日では、日本企業の競争力の低下にも鑑み、これら一連の米国方式化はそもそも日本の企業風土そのものを弱体化するもので、日本企業の競争力を育む根の根腐れを起こすものではないかといった日本式経営の再評価も俎上に挙げられている。

　貿易立国を目指してきた日本にとって、貿易による独り勝ちが国際社会では決して歓迎されないという教訓であり、これを契機に貿易立国から観光立国へのギアーチェンジが加速することになる。貿易によりいくら儲けても国際社会では歓迎されないが、観光収入を立国の基盤とするフランスやスペインなどではそのことがバッシングどころかリスペクトや憧れの対象とすらなっていることも視野に入っていたであろう。

　今何故、ホスピタリティなのかについて、前掲王が「ホスピタリティが観光と歩調を合わせて広がってきた」とする指摘は、上述した一連の事象と符合させて考える必要があるだろう。2007 年にホスピタリティの使用頻度が

再び山となることについても、観光立国推進基本法の施行（2007年）、観光庁の設置（2008年）とほぼ軌を一にしている。一方、対象としている期間には、男女雇用機会均等法の成立（1985年）、バブル経済の崩壊（1990～91）、山一證券の破綻（1997年）、ITバブルの崩壊（00～01）などの社会事象が見られる[17]。この時期の日本の状況を少し幅広く俯瞰すれば、ホスピタリティは今までの基盤を成してきたもの（貿易立国、日本式経営、ITバブル）が大きく揺らぎ、新たな試み（観光立国、男女共同参画、CSRによる経営など）へ社会がシフトする社会事象と織り成しながら広まってきたと見ることができる。すなわち、これまでのカタカナ外来語がもっぱら、モノと一体となりながら近代化の推進というプロセスで導入されてきたのに比し、ホスピタリティは社会の仕組み（コト）やものの考え方（ヒト）に深く関わりながら入ってきた言葉といえる。そうだとすれば、ホスピタリティが移入され広まった時期や社会情勢の考察からホスピタリティとは何なのかの検証に繋げてゆく意味は看過できない。ホスピタリティは、西欧的近代化を達成した日本社会の軸を成していたものが大きく揺らぎ、日本的なものを再評価しながら新たな社会を目指してゆくうねりの中に登場したことが分かる。この社会的背景や事象がホスピタリティの現代的意味を紐解く上で重要な糸口になるのではないかと考える。

注

（1）王文娟（2014）「ホスピタリティ概念の受容と変容」、『広島大学マネジメント研究』15、pp.49-50.
（2）佐々木茂・徳江順一郎（2009）「ホスピタリティ研究の潮流と今後の課題」、『産業研究』第44巻第2号、p.1では、2009年1月時点で48冊がヒットしたとしている。
（3）徳江順一郎（2012）『ホスピタリティ・マネジメント』、同文舘出版、pp.3-7.
（4）全学横断型のキャリア教育科目（立命館大学）の受講生に対して2015年度と2017年度の2回にわたって実施した。自己実現の舞台となる社会に関わり自己のキャリア形成をどう展開するのか科学的視点から考察し、大学での学びを展望する科目の

受講生が対象となっている。ホスピタリティへの関心の強弱が前提とならないこと、全学横断科目の受講生を対象に企画した。

（5）2015 年度のアンケートでは、「説明できるか」の質問に「ある程度できる」の選択肢を設けていたが、ホスピタリティを説明できる学生は「ある程度」を含めても 3 割程度に留まっている（男子で 28％、女子で 36％）。

（6）日本ホスピタリティ・マネジメント学会、日本ホスピタリティ推進協会の各 HP を参照。

（7）寺阪今日子・稲葉祐之（2014）「〈ホスピタリティ〉と〈おもてなし〉サービスの比較研究」『社会科学ジャーナル』、78、pp.86-96.

（8）金愛蘭（2011）『20 世紀後半の新聞記事における外来語の基本語化』、阪大日本語研究　別冊 3　大阪大学大学院文学研究科　日本語学講座　pp.1-2.

（9）岡本佐智子（2014）「外来語の受容と管理：言語政策の視点から」、『北海道文教大学論集』、第 5 号、pp.53-54.

（10）望月通子（2012）「基本語化を考慮したカタカナ外来語の学習と教材開発」『関西大学外国語学部紀要』、第 6 号、p.2.

（11）山上徹（2011）『ホスピタリティ精神の深化』、法律文化社、pp.25-28 では、W.F. Ogburn を引用し文化における伝播の遅滞、ズレに言及し、文化の諸要素は、物質的文化（モノ）、制度的文化（コト）、精神的文化（ヒト）の順に伝播することを指摘する。

（12）近藤隆雄（1995）『サービス・マネジメント入門』、生産性出版、p.174.

（13）德江順一郎（2012）『ホスピタリティ・マネジメント』、同文舘出版、pp.36-37.

（14）山路顕・中嶋真美（2010）「ホスピタリティについての一考察」、『論叢』玉川大学文学部紀要第 50 号、pp.160-161.

（15）望月通子（2012）「基本語化を考慮したカタカナ外来語の学習と教材開発」、『外国語学部紀要』、第 6 号、p.3.

（16）王文娟（2014）「ホスピタリティ概念の受容と変容」、『広島大学マネジメント研究』15、p52.

（17）日本経済新聞　2011 年 2 月 22 日

【参考文献】

石綿敏雄（1985）『日本語の中の外国語』、岩波新書

王文娟（2014）『広島大学マネジメント研究』15

岡本佐智子（2014）『北海道文教大学論集』第 5 号

金愛蘭（2011）『20 世紀後半の新聞記事における外来語の基本語化』、阪大・日本語研究

近藤隆雄（1995）『サービス・マネジメント入門』、生産性出版

ダニエル・J・ブーアスティン、星野郁美他訳（1964）『幻影の時代』、東京創元社

遠山一郎、高田大介訳（2001）『ラテン語の歴史』、白水社

徳江順一郎（2012）『ホスピタリティ・マネジメント』、同文館出版

本田由紀（2009）『教育の職業的意義―若者、学校、社会をつなぐ』、ちくま新書

望月通子（2012）『関西大学外国語学部紀要』第 6 号

森山正仁（2008）『観光政策と観光立国推進基本法』、ぎょうせい

W.F. Ogburn (1938), Social change with respect to Culture and Original Nature, University of
　　Michigan Library

【コラム②】

本物と観光：Authenticity とホスピタリティ

　ブーアスティン（米歴史家）は日本が東京オリンピックを機に高度経済成長期に突入する 1964 年に、観光の擬似イベント性を指摘した。今や訪日観光は高度経済成長後の新成長戦略の要に位置付けられ、その経済効果に大きな期待が寄せられる。2020 年の東京オリンピック・パラリンピックの時点で 4,000 万人の訪日旅客が 8 兆円規模の消費で日本経済に貢献する計画が進められている。

　一方、近年の旅行ではメディアや旅行会社が作る「楽しみ詰め合わせ」のパッケージ観光よりは、地域の人や暮らしとの触れ合いに関心が高まる。ブーアスティンが指摘した擬似イベントの観光が、再び本物志向の旅行にシフトしているのである。

　経済・産業振興策の訪日観光で、訪日リピーターや欧米からの旅行者は外客消費額の面でも大きな貢献をするが、日本人や日本の暮しとの触れ合いを求める傾向が強まっている。産業界のみならず、訪日旅行者を受け入れる日本の人々の「おもてなし」や取り組み姿勢が一層大きなウエイトを占め始めているのである。「複製技術革命が進行し始めた 19 世紀半ば頃から、旅行の性格が変わり始めた」と観光の擬似イベント化を批判的に分析したブーアスティンの指摘が、今の訪日観光への教訓テキストになる。

　観光庁は「住んでよし、訪れてよしの国造り」を「観光立国」の基盤に据える。日本人や日本の暮しに触れる楽しみを訪日の目的にする旅行者にとって、住んでいる人々の悦びのある生活から「おもてなし」を受けることが再来の動機ともなり世界への口コミの力に繋がることは間違いない。

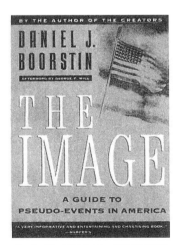

D・J・ブーアスティン『幻影の時代』

第2章
ホスピタリティの捉え方について

第1節　導入：「おもてなし」文化との接点を通して

　hospitality とカタカナ外来語として使用されるホスピタリティの間には微妙な違いや変容が生じていることについては、序章で外来語の由縁に触れ第1章で詳述した。この両者の間に意味の違いがあるとすればその違いから導かれるホスピタリティの意味や意義とは何なのか。日本には hospitality と近似する「おもてなし」という日本古来の考えや精神が存在する。この「おもてなし」と hospitality との間にはどのような関係があり、ホスピタリティはどのように位置付けられるのか。

　「ホスピタリティ＝おもてなし」ではないことは学術的には明らかにされている⁽¹⁾（第4章で詳述）。では、hospitality とカタカナのホスピタリティ、「おもてなし」の間にはどのような関係があるのか。「hospitality＋おもてなし＝ホスピタリティ」なのか、「hospitality＞おもてなし」のように両者に広狭があるのか、「おもてなし←ホスピタリティ→ hospitality」のような関係にあってホスピタリティは hospitality と「おもてなし」の間で場面や文脈に応じて濃淡や位置を変えながら両極の間に位置するものなのか。「おもてなし」の意味や概念については第4章、第5章で詳論するが、hospitality／ホスピタリティを捉える導入に当たる本章では図2-1のようなイメージを本書の考え方を示す概念図としてイラストレートしておきたい。本書の命題である「hospitality／ホスピタリティの現代的意義や現代社会との関わり」を解明するに当たり、導入に当たる本章では hospitality／ホスピタリティの捉え方に

図2-1　ホスピタリティの捉え方の概念（イメージ図）

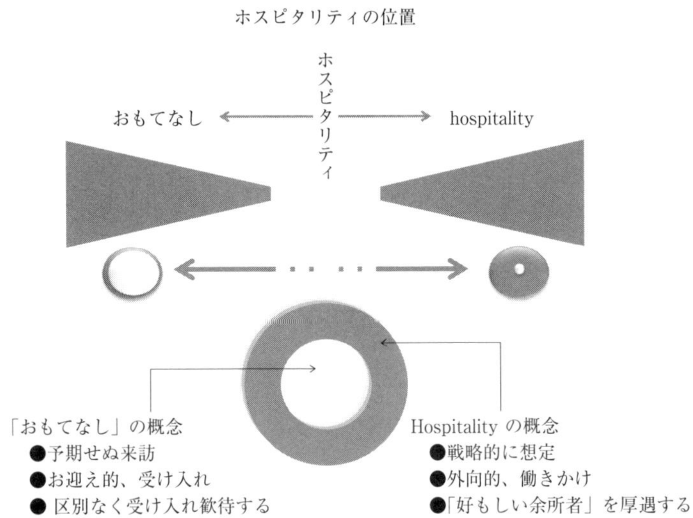

ホスピタリティの位置

ホ
ス
ピ
タ
リ
テ
ィ

おもてなし ←——————→ hospitality

「おもてなし」の概念
　●予期せぬ来訪
　●お迎え的、受け入れ
　●区別なく受け入れ歓待する

Hospitality の概念
　●戦略的に想定
　●外向的、働きかけ
　●「好もしい余所者」を厚遇する

（出所）筆者作成。

ついての視点整理をする。

　ホスピタリティという言葉は日本社会では、hospitality という英語に「お
もてなし」という日本語訳を括弧書きにして 1985 年に新聞紙上で紹介した
ことに始まり、1990 年代になって学術研究が進んだことについては既に述
べた（第1章）。日本には古来、日本の風土や文化の下で醸成された「おも
てなし」という精神性を表す言葉がある。そこでメディアが hospitality を「ホ
スピタリティ（おもてなし）」として紹介したと考えられる。ここで一つの仮
説の入り口が見える。すなわち、ホスピタリティがこのように「おもてなし」
と一体を成すものとして紹介されたことで、日本では「おもてなし」の視線
で原語である英語の hospitality を受容し、結果として両者が密接に関係し合
うものとして日本語の「ホスピタリティ」を位置付けているのではないかと
いうことである（第5章）。

　そうだとすると、日本語の「ホスピタリティ」は hospitality の単なるカタ

カナ表記ではなく、hospitality と「おもてなし」が相互に関係し合うことで新たな精神性や考え方を示す言葉として、グローバル化社会、ひいては次代に関わってゆく新たな価値観でありパラダイムとして発信してゆくべきではないか（第8章）との発案にも結びつく。これらの仮説や発案を本書で考察するに際し、hospitality／ホスピタリティの捉え方を明確にしておくことが本章である。以上の文脈で、第5章や第8章では hospitality のカタカナ外来語であるホスピタリティと区別する表記（例えば「」書き）や表示を工夫する。これは、引用・参考文献や多くの論文ではこの区別をせずにホスピタリティと表記するので、上述「おもてなし」と hospitality の合作とも言える本書の論点（第5章で詳論）を文脈の中で明確にするためである。

　日本の学会でもホスピタリティの概念や定義は様々な表現で説明されている。hospitality とは何か、hospitality の概念、定義付けについては先行研究をレビューし第3章で考察を加えることにして、本章では hospitality の捉え方の導入となる視点を二つ掲げたい。外来語であるホスピタリティを対象とする考察では、その原義や語源を明確にする必要があるのは言うまでもないが、第一の視点は、hospitality の解明にはその原義や語源から演繹的省察を通して、現代的意味に訴求するアプローチが必要ではないかという点である。

　現代社会における様々な事象や行為を hospitality の辞書的意味や先行研究の定義を関連付け、類推解釈を通して帰納法的にあるいは記述的研究法を用いて hospitality の概念を抽出する方法もあるだろう。しかし、現代社会という磁場にある行為や事象を基点に帰納的、記述的な手法で hospitality を概念付ける場合には、その行為や事象のいわば現代的磁場にある時代の価値観や諸相に大きく左右される。結果的にはこれらの行為や事象を主眼とする余りに hospitality という概念を後付けする恐れ無しともいえない。更に、第5章で触れるが、業界用語のホスピタリティとの混乱の中で賞味期限付きの流行語のような表層的な議論に陥る弊は避けなければならない。

　一方、原義や語源の意味を演繹的に現代の事象に適用するに当たっては、時代の背景や社会状勢など基底となる時代背景の現代的変換を丁寧に踏まえる必要があるのは帰納的手法とのいわば線対称に位置する留意事項である。

hospitality という概念や言葉が必要とされた社会の状況が大きく異なるからである。hospitality という言葉を母語に持つヨーロッパや、その流れを汲むアメリカでの研究とは異なり、この言葉、概念が成立した文化や社会要件などが異なる日本ではなおさらこの点が重要である。

　hospitality をその音を表すホスピタリティというカタカナ外来語に置き換え使用するに当たっては、原語となる英語の hospitality の語源や原義を忠実に演繹的な手法で捉える視点がまず必要となるだろう。ホスピタリティというカタカナの音には意味はないから、原語に戻りその意味を摑むことが最初の一歩であり、更には日本という第三の文化圏・社会というフィルターを通す中で生じる意味の変容や、hospitality に近似する「おもてなし」という概念を持つ日本ならではの両者の混交など、「日本的」変容や混交の被膜を外して原義に立ち返る必要がある。ここから hospitality とはまた異なる「日本のホスピタリティ」（hospitality の日本的変容）の現代的意義、グローバル化世界への関わりや役割を抽出したいのである。

　第二の視点は、「人間」という概念の捉え方に関係する。「人間」とは何かという遠大な哲学的議論をするわけではない [2]。hospitality の主体であり客体となるのが「人間」だからである。「人間」を個としての「ひと」と捉えるか、「人と人の間」に成立する「人間」という全体が作る「人間社会」として捉えるかで、hospitality が対象に向ける視点や視野に広狭・強弱、ミクロ的・マクロ的な視界が湧出するだろう。前者では hospitality は「ひと」の感動や喜び、察することや思いやり、もてなすことという「ひと」の内面的な気持ちや行為を対象とすることになり、商業でのサービスの向上や効果という「ひと」を介した気持ちの面や行為に目を向ける議論に結びつく。一方、後者では「人間」や「人間社会」を律する規範や理念との関わりで hospitality を捉えることになり、ここでは hospitality の原義や語源から抽出される意味や概念を演繹的に現代社会の事象に適用することが重要な鍵となってくる。

　次節では、hospitality の捉え方について原義に基づく演繹的考察の位置付けと意義を示し、第 3 節で hospitality の主体であり客体となる「人間」考察

の視点から hospitality の対象とする視界の整理をする。人間観という視点では日欧比較における視点も看過できない根本にかかわる問題であり、そもそも hospitality という概念の誕生自体がこの人間観に密着している。そうだとすれば、hospitality を「おもてなし」文化を持つ日本に移入する時点で既に日本的受け入れ（変容）が起きていることも想定しなければならない。学術研究に先行して実社会で拡がったホスピタリティにはこの点の作用も抜き難く影響しているに違いない。

第 2 節　hospitality を演繹的視点で捉える

1　史的考察（1）：語源を辿る

　印欧祖語に淵源を置き、古フランス語を経て英語の hospitality の語源となった「好もしい余所者」を意味するラテン語の hostis、「余所者を厚遇する」主体者である hospes [3] は、絶え間なく続く紛争下で領土を維持し、拡大してゆく上で社会に属する個々人の考えや対応を全体として戦略的に方向付け律する理念や規範（掟）という古代ローマ社会の英知であっただろう。古代ローマでは、戦闘での戦利品としての異民族である人質に、ローマ人に匹敵する市民権を与え「好ましい余所者」として厚遇しローマ帝国の構成員とすることで、1000 年以上も続く巨大多民族国家 [4] を形成したのである。「主権」や「国家」という近代になってできた観念を持たない 2000 年以上も昔の地中海世界では、市民権（citizenship）の語源となったラテン語のキヴィタスに私有財産権や選挙権といった権利と同時に軍務に服する義務が抱き合わせになっていた [5] ことは見逃せない。すなわち、戦勝で得た人質（ギリシャ人、エトルリア人など）を奴隷として冷遇せず、ローマ市民権を与えローマ化することは、ローマ軍団そのものの軍事力の強化を意味するのである。結果、ローマはアテネやスパルタに比べ 10 倍規模の軍事力を有し、敵対者だった者にもローマ人と同じ市民権を与えるという寛容な精神は、ローマ帝国の維持、拡大の礎になったとされている [6]。

　この寛容な姿勢は、外向的・戦略的な英知に裏付けられていたと解釈する

ことができるが、更にそれを可能にした背景にはローマ人にとっての宗教観があることも見逃せない。古代ローマは30万にも上る神々が棲む多神教の国であった。日本は「やおよろず（八百万）の神の国」であるという多神教の精神性は第4章の「おもてなし」との絡みで関係する。一神教と多神教の違いは、ただ単に、信ずる神の数にあるわけではなく、他者の神を認めるか認めないかという寛容性に関わる。従って、他者の神も認めるということは、自分とは異なる余所者やその文化を認めるということでもある。

hostis ⇒ hospes ⇒ hospitalis ⇒ hospitality と繋がるホスピタリティとは、古代ローマの時代を背景に、宗教観など様々なものと絡み合い、巨大多民族国家ローマ帝国[7]を支え、人間活動を担ってきた概念であり精神を表す言葉なのである。敵対した他民族にさえ、自分に危害を加えない者にはローマ人と同等の市民権を与え、この異文化の人（余所者）をもローマ化して軍事力の一端に組み込み多民族国家の礎を形成する原動力となったのが、まさにhospitality の概念であり精神性だったのである。

　hospitality の原義には、繰り返される紛争の下での領土の維持、巨大多民族国家の持続的な発展を支えてゆく上で必要とされた戦略的な寛容性の精神や英知が盛り込まれていたのである。「好ましい余所者」として厚遇するというのは、同時に「好ましくない余所者」に敵対する意識が道理の必然となる。すなわち、hospitality とは「厚遇」といういわば「正」の姿勢とその対極にある「敵対」という「負」の思考を表裏一体にし（敵対を意味するhostility の語源は hospitality と同根である）、社会を維持、発展させるための戦略性に富んだ寛容性の精神であると共に英知なのである。この点は後に述べる「おもてなし」との対比（第4章）において重要な相違点となるので留意したい。

　異なる他者を受け入れ厚遇するという目に見える行為は hospitality も「おもてなし」も同じように示されるが、コアにある動機には両者では全く異なった精神性が組み込まれている点は見逃せない。「おもてなし」にはhospitality の原義に内在する「負」とでも言うべき積極的な敵対性という動機が組み込まれていないということである。「おもてなし」については第4

章で詳論するが、見知らぬ地から突如思いもかけず漂着した「まれびと」（稀人、まろうど）を敵味方の区別なく畏怖の念より迎え入れ見返りに祝福を得ることが「おもてなし」の原義である[8]。予期せぬ「まれびと」の出現に畏怖の念を抱きつつも、hospitality が想定する敵対を抱き合わせにした「異人歓待」の思想ではない。この根底にある実相を捨象して「厚遇する」という行為の外面から「ホスピタリティ＝おもてなし」として表層的に捉えることには注意が必要である。更に言えば、この根底における違いにこそhospitality の現代的意義を発見するチャンスがあるのであり、イコールで繋いでしまうことはその機会を逸することである。角度を変えて別の視点からすれば、mottainai や kawaii と同じように「おもてなし」の世界語化（"omotenashi"）の拠り所を放棄してしまうことでもあり、同時に hospitalityと「おもてなし」が相互に関係し合い形成する「日本のホスピタリティ」を解明する研究の動機や洞察の糸口を見失うことでもある。

2　史的考察（2）：原語（英語）を辿る

　ホスピタリティの演繹的省察から現代的意義を明確にするに当たり前項では語源に遡り原義の解明を試みた。本項ではホスピタリティという言葉の原語となった英語の hospitality について辿ってみたい。「日本語のホスピタリティ―原語の hospitality―原義」の繋がりを通してホスピタリティの現代的意義や現代社会との関わりを演繹的に考察することが狙いである。

　ホスピタリティの原語は英語の hospitality である。日本語のカタカナ外来語であるホスピタリティの原語は、ドイツ語の「ガストフロブントシャフト」（GastfrohBundschaft）ではなく、イタリア語の「オスピタリータ（ospitalita）」、スペイン語の「オスピタリダッド（hospitalidad）」、またフランス語の「オスピタリテ（hospitalité）」ではなく英語の hospitality であったわけだ。その英語の hospitality をホスピタリティとして移入したのだから、ホスピタリティの本来の意味や概念に近づくためには原義の解明を視野に入れ、まず原語である英語を辿らなくてはならない。

　英語は今や世界語となっているから日本でホスピタリティを英語の

hospitality から借用したのは当然の帰結かもしれないが、その英語自体が言語社会学の分野では外国起源の言葉で構成されている言語であることが明らかになっている。英語という言語が英語本来の言葉（本来語）が20％にも満たない、外来語によって構成される言葉である点について、梅田（1985）[9] では「借入されたラテン語系の言葉が50％以上を占めている。その他は、ギリシャ語系の言葉が13％、北欧ゲルマン系の言葉が7％、残りは他のヨーロッパ諸言語をはじめ、多数の言語からの借入語である」と説明している。従って、ホスピタリティの原語が英語の hospitality だからと言って hospitality の英語の意味を辞書で調べただけでは、ホスピタリティの原点に辿り着いたことにはならない。英語の形成という文脈の中で hospitality の係累を辿ることはカタカナ外来語の「ホスピタリティ」を考える上で不可欠な視点であることも意識においておきたい。

　英語は、ローマ人の撤退後に先住のケルト人を圧倒したアングロ・サクソン人がブリテン島に定住しはじめ、450年ころからブリテン島で使用され始めた言葉だとされる。現在の英語はユトランド半島の付け根辺りに住んでいたアングル人と、同じくユトランド半島の南部に住んでいたサクソン人が使っていたゲルマン語が母体となり、後に北方ゲルマン人のデーン人（Danes）のクヌートがイングランド王となることで、英語の本来語（アングロサクソン語）と北方ゲルマン語（借入語）が合わさってできた言語である。後には、ラテン化したゲルマン民族のノルマン人が使用していた古フランス語が、ノルマンジー公ウイリアムがイギリス国王になることで、ブリテン島がフランス語圏となり古フランス語が主たる言語となる。このことで英語は、後の英仏間の百年戦争（1340〜1453）によりイギリスに定住していたノルマン人のイギリス化が起きるまで300年近くも歴史の記録から姿を消していたとされている。

　以上、ホスピタリティの原語となった英語はこのような歴史の命脈を辿り、様々な民族の言語と交じり合いながら今に至っていることを簡略に俯瞰した。服部（2008）[10] によれば、英語の hospitality は14世紀に古フランス語から借入されたとされるから、上述した百年戦争でイギリス社会が英語を取り戻

す時に古フランス語を通して英語に入ってきたということである。当時のイギリス社会が英語にはない hospitality という言葉や考え方の必要性に迫られてこのタイミングで古フランス語から移入したのか、当時のイギリス社会では古フランス語を主に使用していたからそのまま受け継がれただけなのかは分からない。どちらの借入方にせよ、社会の求めが無ければ言葉としては脈々と引き継がれないし、必要性がなければ死語になる。いずれにせよ英語のケースでは、現代の日本で熱く注目される商業的な理由で hospitality が求められた形跡は見当たらない。日本では、多くのカタカナ外来語が大正、昭和初期に日本に入ってきたのとは異なり、ホスピタリティという言葉は遅れて 1980 年代になってから移入され始めたのは何故なのか、時代や社会との相関について第 1 章第 4 節で触れたので参照してほしい。

　hospitality の受け手側の日本語の事情も併せてみておきたい。石綿 (1985)[11] では国立国語研究所の調査を引用し日本語においては「和語 38.8％、漢語 44.3％、外来語 12.0％、混種語 4.8％」としているから、日本の本来語（和語）の方が前述した英語における本来語（20％弱）よりも遥かに比率が高く、外来語の比率は英語に比べ小さいことになる。このことから直ちに英語の事情と比較するのは早計であるが、「外来語の過剰使用」という指摘はいささか過敏な心配と言うこともできる。英語におけるラテン語系やギリシャ、北欧ゲルマン語系を合わせたものを文化圏の一括りとしていわば本来語扱いするとその比率は 70％にも達するが、この場合には日本語における漢語も文化圏の一括りにするということになり（83.1％）日本語における外来語の割合はやはり小さい。このように辿るとホスピタリティという言葉は、英語にとっての外来語であるラテン語から遠い道のりを辿り日本語の中にカタカナ外来語として 20 世紀の後半の日本に到着したのである。情緒的な表現になるが、縁あって日本語の中に入る絆を取り持ったのは、やはり「おもてなし」という日本古来の精神性が背景にあるからだろうか。メディアがホスピタリティを紙上で紹介するのに訳語として「おもてなし」を括弧書きにしたのも何かの縁である。

　「サービス」や「コミュニケーション」、「ホスト」や「ゲスト」、「マニュ

アル」などの言葉は日常生活にはなくてはならない不可欠な日本語になっている。これらの外来語が無ければ日々の生活にも支障が生じる。逆に、「かわいい」や「もったいない」という言葉は日本から世界に発信され、"kawaii"や "mottainai" となって定着している。これらの日本語は当初は英語に置き換えて例えば cute や wasteful、deserve などの表現で説明されていただろうが、それではどうもしっくりこないと考えたのだろう。日本語をそのままにしてその概念を外来語として受け入れた方がしっくりきたのである。既述したように英語は外来語比率の高い言語であるから、日本語を英語の中で外来語として受け入れるキャパシティは充分に持っている。このことからは、事例の大小の差はあれ外来語化の現象は双方向で発生する。しかし、世界語である英語を外来語としてカタカナ表記して迎え入れる場合と、日本語が英語という世界語の中に取り入れられる場合とでは恐らくそのマグニチュードは異なる。世界語である英語とそこに化体する価値観が流れ込む世界的な潮流の中で、逆に日本語がそのまま英語の中に入り世界語として新たな概念や価値観を伝播する意義は大きい。恐らく、英語世界の空白を埋める貴重な概念や価値観として求められたからである。第 5 章で考察する「日本のホスピタリティ」がグローバル世界に発信する（第 8 章）ことの意義をこの文脈で重要な考察命題として位置付けている理由である。すなわち、hospitality の概念と「おもてなし」の精神が相互に関係し合い「日本のホスピタリティ」として世界に発信され伝播することの意義に本書では注目する。

　本節では、hospitality という考え方や概念を必要とした時代や社会の要請を検証し原義の演繹的考察から hospitality の現代的意義や社会との関わりを明らかにする。すなわち、hospitality ／ホスピタリティが、今何故、日本で注目されるのか、現代社会の事象や行為にどのように適用できるのかを考察し、hospitality の現代的意義に「日本のホスピタリティ」を複眼的に捉える試みである。現代社会における事象や行為を起点に置いてホスピタリティを捉えようとすると、現代という時代や社会の磁場で現代的に整形された hospitality を議論の対象としてしまう恐れがあることについては既に指摘した。ローマ史を専門とする吉村（1997）[(12)] は、『古代ローマ帝国』の冒頭で

以下のような留意点を指摘する。「2000 年、あるいはそれ以上も昔の地中海といえば、現在のわれわれが生きている世界と、人間関係・社会関係のありかたも、ものごとのとらえ方、考え方も非常に異なっており、それに対応する言語表現も全く独自のものである。『政府』『政治家』『警察』などに当たる言葉は、当時のローマには存在しないし、……およそローマは『近代国家』ではないので、『近代国家』の為に作られた諸概念は、すべてローマ史については使えないことになる。……他方、われわれは『近代国家』としての日本に生活し、現在の日本語でものごとを考え、理解するのであって、ローマを理解するためにも、われわれの言葉を用いなければならない。ローマ史を語る時に、我々は現在の日本語によって、本来、日本語では表せないものを表そうと懸命の努力をしているのだ、ということを頭において頂きたいと思う」とする。少し長くなったが hospitality の原義から演繹的に現代的意義や関わりを考える上で重要な留意点であるので引用した。

3　史的考察（3）：宗教の側面から考える

　hospitality はキリスト教など宗教の誕生以前に成立していた概念であるが、その後三大宗教の精神にも引き継がれる。仏教では無財の七施という教えに見られ、キリスト教では聖書の中で貧しい人への助けとか旅人のもてなしということが示されている。またイスラム教のコーランでは貧者や孤児、見知らぬ人への親切を取り上げている。大津（2005）[13] では、hospitality はキリスト教など宗教の「教え」の中にその理念や精神が引き継がれたことを指摘し、「巡礼者を主とした異邦人」に対して飲み物、宿泊を提供し、手を差し伸べ「旅人をもてなす」こととしてその行為の面に反映されているとしている。これらの行為や事象から hospitality を帰納的手法により導き出す研究の一つといえる。一方、古代の日本社会では、漂着した異人を「まろうど」、「まれびと」として歓待、もてなすという習俗（「おもてなし」の起源）があったことを、民俗学者は古事記や日本書紀の中に見つけている。古代の日本社会では、他国から流れ着いたよそ者を畏怖の念からも歓待し、返しに祝福を得るということがあったとされる。

表2-1　日本人の宗教観

日本人の宗教観

	Yes/No
初詣に行くか？	Yes　73.1%
盆、彼岸の墓参りは？	Yes　78.3%
何か宗教を信じてるか	NO　71.9%

（出所）「読売新聞調査」（2008年5月）。

宗教を信じるか

年代	持っている、信じている（%）	持っていない、信じていない（%）
1958	35	65
1963	31	69
1968	30	70
1973	25	75
1978	34	66
1983	32	68
1988	31	69
1993	33	67
1998	29	71
2003	30	70
2008	27	73
2013	28	72

（出所）各年「日本人の国民性調査」（統計数理研究所）。

　日本では、人から「あなたの宗教は？」と訊かれて「私は○○教です」と答える日本人は少ない。世界の33％（20億人）がキリスト教で、22％（13億人）がイスラム教、ヒンズー教が15％（9億人）で仏教が6％（3億6,000万人）、儒教、道教が4％（2億3,000万人）、そして無宗教が14％（8億5,000万人）という数字がある[14]。「無宗教」というのは、神の存在を否定する無神論とは根本的に異なる。表2-1は読売新聞の調査と5年ごとに実施する「日本人の国民性調査」[15]を掲載し日本人の宗教意識の推移を示している。これによると、特別に信じている宗教はないと答える（72%前後で推移）一方で、神事や仏事に忠実な日本人像が窺える。欧米など他の諸国ではhospitalityの精神が宗教に受け継がれながら社会に還元されてきたことを考えると、日本人の圧倒的多数が示す「無宗教」という意識はhospitalityとの関わりではどのように位置付けられるだろうか。ホスピタリティを日本人の視点から捉えるにあたり、宗教との関わりも含め整理をしておきたい（図2-2は、表2-1

図2-2　文化庁「平成26年度宗教法人等の運営に関する調査」

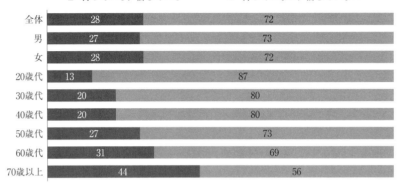

■ 持っている、信じている　　■ 持っていない、信じていない

（出所）「文化庁文化部業務課」より筆者作成。

の2013年の年齢層別の宗教観を示している）。

　現在、我々が使う「宗教」という言葉は、明治になって外国との修好通商条約の中に用いられたReligionの翻訳語として生まれたとされている[16]。Religionはラテン語の「神と人を結び付ける」religioから派生した言葉である。明治の維新政権になってからもキリシタン禁制という江戸幕府の政策は引き継がれた。キリスト教が神道に基づく天皇の神聖を危うくするとの懸念からである。維新政府は、天皇崇拝の国にするために神道を国の宗教にすることを考えたであろう。一方、列強諸国との外交樹立に、キリシタン禁止政策は大きな障害になることは想像に難くない。対外的にいち早く禁止政策の解除を示すことが迫られる一方、新政権が目指す天皇中心とする国のあり方に依然としてキリスト教には懸念があったことから、これにどのような対策を持って臨むのかが重要な政治課題であったと考えられる。この政治課題に対処するために、キリスト教だけではなく仏教、神道も含めてそれらを一括り関連付けながらも仕分けすることが求められる。「宗教」という用語はこういう社会情勢の下に登場してくる。

　すなわち、維新政府は天皇崇拝の国にする神道を国の中心に据えながらも、列強諸国からの反発や国内の仏教勢力との関係にも配慮し、「神道は宗教で

はない」との政策をとる。神道は国家的儀礼そのものであり、公的な儀礼体系だとする神道無宗教政策である。キリスト教禁止政策にたいする欧米列強の反発をかわしながら、国内の仏教勢力も意識して神道を「国教」という形をとらないで国の中枢に据えたのである。結果、古くからそれぞれの地域で信仰され受け継がれてきた「自然宗教」とも言うべき信仰が、習慣や風俗の伝承であって宗教ではないという意識が形成されたであろう。ここに日本の「無宗教」という特異な意識体系が生まれることになったと学者は指摘する(17)。

『武士道』を書いた新渡戸稲造がその序に「ベルギー法学の大家である故ド・ラグレー教授から、日本では宗教教育がないとすると、どのようにして道徳教育を授けるのか」と尋ねられたことや、妻から「かくかくの思想若しくは風習が日本にあまねく行われているのは、いかなる理由であるか」と尋ねられたことが、この書をまとめる動機になったことが記されている。人間形成や社会の根底に宗教を意識する西欧社会から日本の意識体系に言及している文脈で興味深い。西欧社会では hospitality は水や空気の如く社会の根底にある当たり前のものとして、そもそも研究の対象とすることが少ないことを指摘した（第1章第3節）が、この点も hospitality が宗教に引き継がれ人間形成や社会の根底となってきたことと符合するのではないだろうか。

この無宗教という意識が形成された日本では、hospitality という考えは各地で伝承される「自然宗教」の中に根ざしていたであろう「異文化の人を受け入れ、もてなし、歓待する」という「おもてなし」の精神と同じく「宗教」という拠り所、受け皿を失うことになったと考えられる。そこで「無宗教の国」で拠り所、乃至は受け皿となったのが、hospitality や「おもてなし」と相性の良いサービス業というフィールドだったのではないか。無宗教という意識が形成された日本で hospitality が同じような境遇にある「おもてなし」と共に拠り所としたのがサービス業の分野であっただろう。これとは異なり西欧の社会では、印欧祖語、古代ローマの流れを汲みキリスト教など宗教の中に受け継がれてきた hospitality という精神は、空気や水のような社会の基盤である。従って、サービス産業でも hospitality 自体を目新しく商業のツー

ルとすることはない。あえて産業ということで捉えるなら、ホスピタリティ産業というフレームワークを作りこの分野のマネジメントをホスピタリティ・マネジメントとして産業イシューにしているのではないかと考えられる（第3章第4節参照。ホスピタリティ・マネジメントの事例については第6章で取り上げる）。

4　史的考察のまとめ：hospitality の演繹的視点

　以上、ホスピタリティの現代的な意味や意義を捉えるに当たっては、hospitality の原義や語源、概念の史的考察を通して演繹的に現代社会の事象や行為に適用するアプローチを行った。原義や語源を摑むに当たっては、その言語学的な側面を社会的背景や民族の活動という言葉の使用者に目を向けた。更に、日本語のホスピタリティの原語である英語についても素通りせず、外来語要素の高い英語のラテン語との接点に留意し、地域の統治の変動と使用言語の変遷という言語の動的な命脈とでも言うべき流れに目を向けるようにした。「語源→原語となった英語の hospitality →日本語のホスピタリティ」という一連の繋がりを通してホスピタリティの現代的意義や社会との関わりについて演繹的に考察しようとしたのである。

　言語の面への注目に加えて考え方や精神性という面で、hospitality が宗教の中に引き継がれていることに着目し、無宗教という意識を持つ日本社会での hospitality の位置付けについて考えた。宗教の中に受け継がれている hospitality の精神性は、無宗教という意識を持つ日本社会ではサービス産業が代わってホスピタリティの依拠するフィールドとして受け止められた可能性を指摘した。現代のサービス産業での「笑顔」や「接遇」、「感動の共有」という点から hospitality を帰納法的に説明する研究は多い[18]。多くの論考で、ホスピタリティの原義や起源を解明しながら、そこを起点に演繹的に後代・現代の事象を hospitality の視点から説明するのではなく、まずホスピタリティの行為や事象をピックアップした上で hospitality に関連させながら議論を展開しているように思われる。

　ホスピタリティ研究について、佐々木・徳江（2009）[19] では「ホスピタ

リティそのものについての研究は、意外なことであるが、海外では実はつい最近まであまりなされてこなかった。唯、様々な学問分野の研究において、ホスピタリティに触れる形での研究は行われてきた」と指摘し、近藤(2013)[20]では「わが国でサービスを扱った経営書や専門書ではしばしば取り上げられるが、欧米ではほとんど登場しないのが『ホスピタリティ』という言葉である」と説明している。服部（1996）[21]では hospitality の語源を踏まえ現代における言語的用法を通して、「西洋では特別に意識して実践する言葉でも、形式ばった伝統的な習慣でもない」点を指摘している。王（2014）[22]ではこれらの点を踏まえて「（欧米では）何れも hospitality の意味が言語的に明確である面もあり、あえてこれを研究の対象とはしてこなかった」とする。拙稿（2010）[23]では、「西欧の社会では、古代ローマで生まれたホスピタリティという精神は、空気や水のごとく、今なお社会基盤の大前提」となっていることから研究の対象とならなかった点を示し、hospitality の発祥の地であるヨーロッパから遠く離れ文化も風土も異なる日本の地で、何故これほどまでにホスピタリティが社会の最前線に登場するのかを考察した。

　hospitality 発祥の自文化の中では当たり前のものとして、また、社会基盤の大前提としてそもそも hospitality を議論の対象としなかった。一方、日本という他文化の故に見出すことができる hospitality の意義には、原義や語源からの演繹的考察という方法故の発見がある。「危害を加えない、好もしい余所者に対する厚遇」という古代ローマ社会が必要とした hospitality の精神を演繹的に明らかにし、定義付け、そこから現代社会の様々な営みや行為、事象についてホスピタリティの関わりや現代的意義を検証する意味は大きいと考える。

第3節　hospitality の主体である「人間」の視点から捉える

（注）　本節では原義に関わる場合に hospitality を使用し、日本社会、日本の論文での使用に関わる場合にはカタカナ表記に従っている。

　hospitality の概念や定義付けについては、先行研究で様々な表現で説明が
試みられていることについて第 3 章でレビューし今後の研究の展開について
述べる。辞書（Oxford English Dictionary など）から説明する研究や、「おもて
なし」と比較検証する研究（寺阪・稲葉 2014）[24]、「お辞儀や挨拶」などの
初等教育での学び、道徳と関連させるもの（石丸 2010）[25] などホスピタリ
ティのテーマは多岐に亘るが、どの研究においても人間や人間関係を対象と
する学際的な研究である点は一致している。ホスピタリティをめぐる誤謬を
課題のスタート地点に置き実像を探求する本書では、原義から演繹的にホス
ピタリティの現代的意義や社会との関わりを明らかにすることを前節で示し
た。本節では、原義からの演繹的アプローチと共に hospitality の捉え方にお
けるもう一方のアプローチである hospitality の主体である「人間」に目を向
けホスピタリティの視点整理をする。
　hospitality が「人間」と密接に関わる概念であり、hospitality の主体が人
間であること、また、人間が hospitality の対象となることに疑義はないだろ
う。では、まずその人間観という点に目を向けるとどのようなことが分かる
だろうか。荒木（1995）[26] では、言語的な括りの点から共通するヨーロッ
パ人のものの見方を分析し、日本人の人間観と対比している。ラテン語など
の祖語の使用者であるインド・ヨーロッパ人の遊牧文化や生業を通してその
人間認識の仕方を説明するのである。荒木によれば「基本的人間認識の仕方、
すなわち、人と人とは深い断絶の淵を前にしながら人間実存の孤独さに於い
て別々に向き合っているとする、個と個の断絶の認識に発している」として
「一人ひとりの個は、ムラ的共同体の一員として密接に結ばれ、その存在の
すべてを依存母胎としての共同体にコミットする」日本人の人間観とは全く
異なる点を指摘する。
　hospitality の原義とされる「異人歓待」の本質が、生存をかけた「異なる
他者との共生」という緊迫した環境の下での英知であるという点の理解がま
ず必要である。現代社会に重ねた時にこの「生存をかけた」緊迫感というの
は字義通りのものとは異なってくるだろうが、この「異なる他者との共生」
という視点は外すことはできない。現代社会において他者、特に異文化の人

や考えの異なる人との関わりにおいては（ビジネスのシーンも含め）見落とすことのできない hospitality のコアにある視点である。hospitality の原義から演繹的に捉えられるホスピタリティの現代社会への適用に関わってくる視点である。第 5 章で考察する「おもてなし」との相関の下で捉える「日本のホスピタリティ」を考える上で重要な鍵を握るので頭に留めておきたい。

　一方、日本のホスピタリティ研究ではこの「人間」視点はどのような位地にあるだろうか。ホスピタリティ研究では、「人間」や「人間関係」、「人間の気持ちや行為」に着目して研究が進められている。ホスピタリティを宗教の領域（大津 2005）[27] や教育（石丸 2010）[28] の分野で考察する場合は勿論のこと、「制度」や「仕組み」、「モノ作り」に注目する研究においてもそれぞれの対象となる「人間」がホスピタリティの視点で考察されている（山上 2011）[29]。本節では、hospitality の主体である「人間」の視点に注目し先行研究も引用しながらホスピタリティの視点の整理をする。

　hospitality の主体である「人間」を個としての「ひと」の視点で捉える研究は多い。「他者を受け入れ、他者に対して心を用いて働きかけ信頼関係づくりを行って、お互いに補完し合い何かを達成してゆく心と頭脳の働き」として「ひと」の精神的な内面に注目する研究 [30] はこの立場を示している。また、「異種の要素を内包している人間同士の出会いの中で起こる触れあい行動であり、発展的人間関係を創造する行為」として hospitality の行為面に注目する研究 [31] も個としての「ひと」の視点で捉える立場である。「ひと」の精神的な内面と行為の両方を指摘する研究 [32] では、「人間同士の関係において、より高次元の関係性を築くべく『相互』に持つ『精神』や『心構え』であり、それに伴って応用的に行われる『行為』も含む」として、hospitality の主体を位置付けている。

　一方、主体としての「人間」を人間の集合としての「人間社会」と捉える学者の立場も指摘しておかなければならない。服部（1995）[33] では「人類が生命の尊厳を前提とした、個々の共同体若しくは国家の枠を超えた広い社会における、相互性の原理と多元的共創の原理からなる社会倫理」として「人間社会」の視点でホスピタリティを捉えている。拙稿（2015）[34] では

hospitality の戦略的寛容性の精神に目を向け、多文化共生社会を視野に「多元的な共生関係や価値を形成する視点」として概念付けを行った。このようにして hospitality の主体である「人間」の捉え方に軸を置くと、表2-2のようにホスピタリティの視点を整理することができる。

表2-2　ホスピタリティの主体者である人間の視点からの整理

ホスピタリティの人間視点
□　広く人間社会を対象と捉える視点
・個々の共同態若しくは国家の枠を超えた広い社会における、相互性の原理と多元的共創の原理の視点 （服部　1995）　　※脚注（33）参照
・戦略的寛容性の精神として国や地域、共同体等の制約を超え、多元的な共生関係や価値を形成する理念 （山路　2015）　　※第3章脚注（27）参照
□　人間（「ひと」）を対象と捉える視点
・他者を受け入れ、他者に対して心を用いて働きかけ信頼関係づくりを行って、お互いに補完し合い達成してゆく心と頭脳の働き （吉原　2004）　　※脚注（30）参照
・異種の要素を内包している人間同士の出会いの中で起こる触れあいの行動であり、発展的人間関係を創造する視点 （古閑　1994）　　※脚注（31）参照
・人間同士の関係において、より高次元の関係性を築くべく「相互」にもつ「精神」や「心構え」であり、それに伴って応用的に行われる「行為」を促す視点 （佐々木・徳江　2009）　　※脚注（32）参照

（出所）先行研究を踏まえ筆者作成。

　いずれの捉え方においてもホスピタリティを「他者を受け入れ……」「異種の……人間同士の出会い……」「人間同士の関係において……『心構え』であり……」「人類が生命の尊厳を前提とした……」と「人間関係」を律するものとして捉えており、ホスピタリティ研究は「人間関係」に目が向けられ研究が深められていることが分かる。だとすれば、hospitality の主体である「人間」をどう捉えるかがホスピタリティ研究における重要な鍵になるが、多くの研究では上述したように「人間」を個としての「ひと」とする立場を取っていることが分かる。結果、「人に優しい」「心からの歓待」「感動を共有する」「察する気持ち」など、「ひと」の行為や気持ちとして人間関係を位

図2-3　ホスピタリティの主体である人間から捉える対象

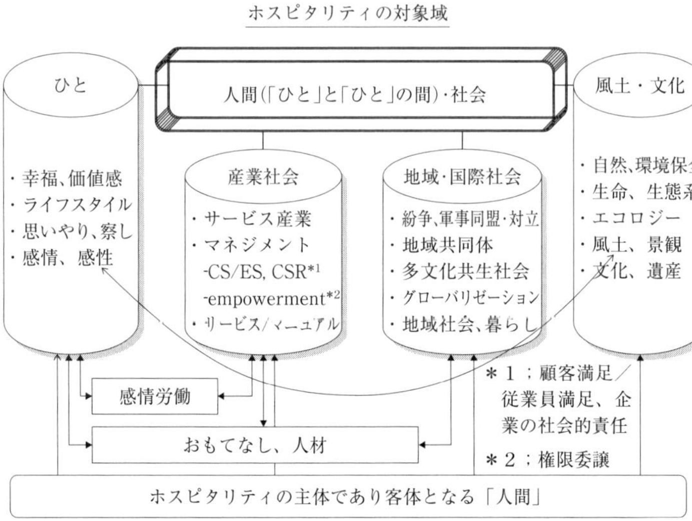

ホスピタリティの対象域

人間（「ひと」と「ひと」の間）・社会

ひと
・幸福、価値感
・ライフスタイル
・思いやり、察し
・感情、感性

産業社会
・サービス産業
・マネジメント
  -CS/ES, CSR*1
  -empowerment*2
・サービス/マニュアル

地域・国際社会
・紛争、軍事同盟・対立
・地域共同体
・多文化共生社会
・グローバリゼーション
・地域社会、暮らし

風土・文化
・自然、環境保全
・生命、生態系
・エコロジー
・風土、景観
・文化、遺産

感情労働

おもてなし、人材

＊１：顧客満足／
　　従業員満足、企
　　業の社会的責任

＊２：権限委譲

ホスピタリティの主体であり客体となる「人間」

（出所）筆者作成。

置付ける文脈でホスピタリティが捉えられることになる。

　古閑（2003）は「ホスピタリティの理念」の項 [35] で「ホスピタリティ」研究は、文化人類学が示唆するものが無視できない」として人間と社会との関係に言及する。一方、和辻によれば、文化人類学は「人の学であり人間の学とはならない」（1985）[36] とし、「人間」の根本的性格として「人であり、同時に人々の結合あるいは共同体としての社会という二重性格」（和辻 1986）[37] を有するものとして「人間」の本質を捉える。和辻が指摘する「二重性格」を有する「人間」（「ひと」であり「人間社会」であること）という洞察はホスピタリティの捉え方に重要な視点を与えるのではないかと考える。表2-2にはこの「二重性格」を有する「人間」の視点も織り込み整理した。

　このように分析するとホスピタリティの主体である「人間」視点は、広狭・強弱を含み、行為、気持ち、精神性、規範、理念と展開することになるだろう。社会学や哲学、宗教学、経済学や経営学など様々な学問的視座や学際的な視点と共に hospitality の多義性が指摘される由縁である。ホスピタリティ

の主体を一方に置くと、もう一方にはホスピタリティの対象が設定される。ホスピタリティの人間視点から対象とする事象の概念図を図2-3のように表すことができるだろう。第3章では、この主体と対象を先行研究も踏まえマトリックスで構成しその因子分析を通して、今後のホスピタリティ研究の方向を展望する。

　この図では、ホスピタリティの主体であり客体となる「人間」をまず概念の基底に据え、主体である「ひと」及び「人間社会」の視点を設定し、それぞれの視点から捉えられる対象となる事象を例示している。また、「ひと」との関係では「風土・文化」が相互に関係していることを表している。この概念図については、第3章で先行研究をレビュー、敷衍しながら論証しホスピタリティ研究の更なる進展に繋がることを期したいと思う。

注

（1）徳江順一郎（2012）『ホスピタリティ・マネジメント』、同文舘出版、はじがき（1）で、「ホスピタリティ＝おもてなしではない。まずこの点を頭に刻み込んで頂きたい」と明記する。
　　　寺阪今日子・稲葉祐之（2014）「『ホスピタリティ』と『おもてなし』、サービスの比較分析」、『社会科学ジャーナル』78、国際基督教大学社会科学研究所、pp.82-84では、「おもてなし」との比較検証を踏まえ両者の違いを分析する。
（2）和辻哲郎（1986）『風土』、岩波書店、pp.18-20では、人間の根本的性格を「人であり、同時に人々の結合あるいは共同体としての社会という二重性格」を有するものとして捉え、「人間」は個々の「ひと」であると同時にぜんたいとして「人間社会」を構成する「人間」である点を説いている。
（3）服部勝人（1996）『ホスピタリティ・マネジメント』、丸善ライブラリー、pp.15-20.
（4）伝説のロムルスによる建国（BC753年）から、西ローマ帝国が滅ぶ476年の間。東ローマ帝国の滅亡（1453年）までを含めると2000年を超える。
　　　弓削達（1991）『ローマは何故ほろんだか』、講談社現代新書、p.40では、ローマ帝国の最大面積（約720万平方キロ）と米国の面積（約936万平方キロ）を比較し、米国の全ハイウエイ網（88000キロ）に匹敵するローマの公道網について言及している。

（5）塩野七生（1992）『ローマ人の物語Ⅰ』、新潮社、pp.220-221.

（6）同上、pp.221-223.

（7）弓削達（1991）『ローマはなぜ滅んだか』、講談社現代新書、p40.

（8）山路顕・中嶋真美（2010）「ホスピタリティについての一考察」、『論叢』玉川大学文学部紀要、第50号、p.159.

（9）梅田修（1985）『英語の語源物語』、大修館書店、序 p.2.

（10）服部勝人（2008）『ホスピタリティ学のすすめ』、丸善出版、pp.77-78.

（11）石綿敏雄（1985）『日本語の中の外国語』、岩波新書、p.17.

（12）吉村忠典（1997）『古代ローマ帝国』、岩波新書

（13）大津ゆり（2005）「キリスト教におけるホスピタリティ精神」、『埼玉女子短期大学研究紀要』、第16号、pp.151-163.

（14）井上順幸（2006）『世界の三大宗教』、日本文芸社、p14.

（15）文部科学省が所管する大学共同利用機関である統計数理研究所が1953年から5年ごとに行っている国民調査。

（16）磯前順一（2003）『近代日本の宗教言説とその系譜』、岩波書店、pp.33-36.

（17）阿満利麿（2003）『日本人は何故無宗教なのか』、ちくま新書、pp.74-74.
本書において「無宗教を表明してはばからないと非難されるのも、その原因は、多くの日本人の宗教感覚にあるのではなく、自然宗教を排除してあやしまない知識人たちの宗教感覚にあったというべきであろう」と指摘し、自然宗教への視点に注目する。

（18）野村佳子（2010）「サービス品質とホスピタリティのメカニズム」、『国際広報メディア・観光学ジャーナル』、No10、pp.82-84.

（19）佐々木茂・徳江順一郎（2009）「ホピタリティ研究の潮流と今後の課題」、『産業研究』、第44巻第2号、p.5.

（20）近藤隆雄（2013）『サービスマネジメント入門』、生産性出版、p.182.

（21）服部勝人（1996）『ホスピタリティ・マネジメント』、丸善ライブラリー、p.31.

（22）王文娟（2014）「ホスピタリティ概念の受容と変容」、『広島大学マネジメント研究』、p.56.

（23）山路顕・中嶋真美「ホスピタリティについての一考察－日本から発進するホスピタリティ」、『論叢』玉川大学文学部紀要、第50号、p.161.

（24）寺坂今日子・稲葉祐之（2014）「〈ホスピタリティ〉と〈おもてなし〉サービスの比較分析」、『社会科学ジャーナル』、78、pp.82-84.

（25）石丸淑子（2010）「大学生のホスピタリティに関する認識と理解」、『京都光華女子大学短期大学部研究紀要48』、pp.101-108.

（26）荒木博之（1995）『やまとことばの人類学』、朝日新聞社、pp.58-69.

(27) 大津ゆり（2005）「キリスト教におけるホスピタリティ精神」、『埼玉女子短期大学研究紀要』、第 16 号、pp.151‐163.

(28) 石丸淑子（2010）「大学生のホスピタリティに関する認識と理解」、『京都光華女子大学短期大学部紀要』、第 48 号

(29) 山上徹（2011）『ホスピタリティ精神の深化』、法律文化社、pp.17‐18.

(30) 吉原敬典（2004）「ホスピタリティ・マネジメントの枠組みに関する研究（Ⅰ）」、『日本ホスピタリティ・マネジメント学会誌 HOSPITALITY、第 11 号、pp.150‐153.

(31) 古閑博美（1994）「秘書の行動におけるホスピタリティ・マインドの重要性」、『嘉悦女子短期大学研究論集』、第 66 号、p.18.

(32) 佐々木茂・徳江順一郎（2009）「ホスピタリティ研究の潮流と今後の課題」、『産業研究』、第 44 巻第 2 号、pp.4‐5.

(33) 服部勝人（1995）「多元的共創とホスピタリティ・マネジメント」、『研究報告 HOSPITALITY』、日本ホスピタリティ・マネジメント学会、第 2 号、pp.26‐32.

(34) 山路顕（2015）「Airline Global Alliance のマネジメントについての一考察」、『日本ホスピタリティ・マネジメント学会誌 HOSPITALITY』、第 25 号、p.43.

(35) 古閑博美（2003）『ホスピタリティ概論』、学分社、p.20.

(36) 和辻哲郎（1985）『人間の学としての倫理学』、岩波全書、p.21.

(37) 和辻哲郎（1986）『風土』、岩波書店、pp.18‐20.

【参考文献】

阿満利麿（2003）『日本人は何故無宗教なのか』、ちくま新書

荒木博之（1995）『やまとことばの人類学』、朝日新聞社

石綿敏雄（1985）『日本語の中の外国語』、岩波新書

磯前順一（2003）『近代日本の宗教言説とその系譜』、日本文芸社

逸身喜一郎（2000）『ラテン語の話』、大修館書店

梅田修（1985）『英語の語源物語』、大修館書店

近藤隆雄（2013）『サービスマネジメント入門』、生産性出版

塩野七生（1993）『ローマ人の物語Ⅰ』、新潮社

島田裕巳（2009）『無宗教こそ日本人の宗教である』、角川書店

チップ・ウオルター著、梶山あゆみ訳（2007）『この 6 つのおかげでヒトは進化した』、早川書房

遠山一郎、高田大介訳（2001）『ラテン語の歴史』、白水社

新渡戸稲造、矢内原忠雄訳（1974）『武士道』、岩波書店

西尾久美子（2014）『おもてなしの仕組み─京都花街に学ぶマネジメント』、中央公論新社

服部勝人（2008）『ホスピタリティ学のすすめ』、丸善出版

藤本龍児（2009）『アメリカの公共宗教』、NTT 出版

前田耕作監修（1986）『インド＝ヨーロッパ諸制度語彙集Ⅰ』（エミール・バンヴェスト）、
　言叢社

森本哲郎（1990）『ある通商国家の興亡』、PHP 研究所

山路顕、中嶋真美（2010）「ホスピタリティについての一考察─日本から発信するホスピ
　タリティ」、『論叢』多摩川大学文学部紀要　第 50 号

山上徹（2011）『ホスピタリティ精神の深化』、法律文化社

弓削達（1964）『ローマ帝国の国家と社会』、岩波書店

弓削達（1991）『ローマはなぜ滅んだか』、講談社現代新書

吉村忠典（1997）『古代ローマ帝国』、岩波新書

渡部昇一（1977）『英語の語源』、講談社現代新書

和辻哲郎（1986）『風土』、岩波新書

【コラム③】

「我思う、故に我あり」とホスピタリティ

　西欧の近代化は、デカルトの「我思う、故に我あり」に示された外界との関係性を拒否し個人の存在を第一とする考えに代表される。ラテン語のCon-textus（共に織り成されてある）を語源に持つContextを拒否する近代化の行き着くところには環境破壊があった。本来自分が拠ってある所のものから自分を切り離した結果である。いろいろなものとの関係性の中で自分が存在すると考える東洋の考えとは異なる。

　近年、行き過ぎた近代合理主義への反省から環境保護への意識が高まった。「資源保全論」（Conservationの理論）の観点から自然や景観も資源と捉える動きはドイツの「ラントシャフト培養運動」として都市や村落の風景も資源として保護する活動に繋がっている。石井素介明治大学名誉教授は「資源とは単なる自然物ではなく、主体である人間が自然を見る場合に取る特定の視点でありその対象物がもたらす価値である」と説明する（『国土保全の思想』古今書院）。よく使われる「観光資源」という言葉を例に出すと分かりやすい。この言葉からは誰しも、自然や風景も「資源」であると考えるだろう。

　また、自然や風景は無機質な存在ではない。そこに住む人々の暮しや営みが関わり形成されてきたものだ。ホスピタリティの視点はモノ作りでもその後ろにいる人間を捉える。自然や風景もそこに住む人間が関わって作られてきたものだと関係性（Context）で捉えるなら、訪れる人にとっても迎え入れる人の現れとしてのホスピタリティである。高Context文化が持つホスピタリティの豊かな発想として世界に発信される意義は大きい。

Cf "The Tourist Gaze"（John Urry）

訪日旅行者のまなざし
（出所）「観光団の見たる東京」（『東京朝日新聞』明治43年4月2〜4日）。

第3章
ホスピタリティ研究の現代的様相

第1節　ホスピタリティ研究の概観

　ホスピタリティをめぐる誤謬という社会的な様相に目を向け、何故そのような誤謬が生じたのか第1章、第2章でホスピタリティの日本社会への登場背景や捉え方について検証した。それでは、本来のホスピタリティは現代社会にとってどのような意味（役割）や意義（貢献）があるのかを視野に置き、ホスピタリティとは何か、ホスピタリティはどのように定義されるのかを考える。この文脈で、本章ではホスピタリティの日本社会での受け止め方や様相を明確にするために学術的視点を一方の柱に据えて、一般書の取り扱いや新聞の記述、アンケートなどを俯瞰、検証する。この方法により抽出されるホスピタリティの誤謬と日本的変容とでも言うべき現象の違いについても後の検証課題としつつ（第5章）、本来のホスピタリティの現代的意義を明確にするのが本章の目的である。

　新聞の記述においては、ホスピタリティを「おもてなし」に置き換えるのが86％と最も多く、「歓待」と説明するのがこれに続き9.5％であることについては第1章で触れた。徳江（2012）[1] では、「専門研究者や学生が読者の中心と考えられる学術書とは異なり、一般書籍では厳格な定義付けよりも直観的なイメージで語られることが多い」点を指摘する。更に、一般書籍の検索サイトから上位ランキングされる書籍からホスピタリティ検索して、「おもてなし」や「おもいやり」、「心」や「幸せ」、「感動」というワードで強調されている点を「ホスピタリティの理論的フレームワークによる理解」を困

難にすると警鐘を鳴らす（同 6-8 頁）。「一部の自称ホスピタリティ専門家は、無理矢理一般の人たちに見えやすい事例で、ホスピタリティを表現している（加藤・山本 2009）[2] と論難する辛口の研究者もいる。「見えやすい事例」自体は決して悪いことではないだろうが、現代社会における「見えやすい事例」ばかりが先行しホスピタリティの意味を後付けすることになっては、結果的に本来のホスピタリティの現代的意義や役割の発見を妨げてしまうことになるかもしれない。前田（2011）[3] では、ホスピタリティの誤用・乱用を指摘し「本来の意味である、行動規範を意味するホスピタリティと、業界用語としての小スピタリティは"平和共存"してきた」としてホスピタリティの社会における様相を本来のものと業界のものが平和共存してきたとすることで、両者を併存させる形で混乱の整理を試みている。服部（2011）[4] では、ホスピタリティ研究は研究の対象が多岐に亘り学際的であり、このことは同時に「社会貢献度の高い実学的な学問分野」になり得るとして将来の可能性に注目し「ホスピタリティ学」を提唱する。

　以上はホスピタリティ研究者からの指摘を幾つか紹介したものであるが、実社会におけるホスピタリティと研究対象となっているホスピタリティの間に何故このような大きな隔たりがあるのだろうか。学の側には、その隔たりとも言うべき点を溶解すべく本来のホスピタリティの実社会における意義を研究する実学的な方向に傾注する姿勢も見られる。実社会の営みへの貢献が負託されるのは、自然科学の研究分野においてはその前提ともいうべきインセンティブであるが、人文社会科学の分野に置いても同様に大きな励みであることに変わりはない。他方、実社会に浸透しているホスピタリティを射程に置き説明付ける余り、その実用性や商業活動を偏重する結果になると、一般書よりもある意味で筋の悪い「おもてなし講座」の体系書的なものとなってしまい本来の研究の意義や目的が逆に阻害される。前掲服部のいう「社会貢献度の高い実学的な学問分野」のあり方やその中身自体が問われているのである。

　サービス産業が GDP、就業者数に占める割合において共に 7 割を超える現代社会では [5]、社会のサービス産業化が進むと同時にサービスにおける

差別化は、競争優位の手立てとして産業界では喫緊の課題となる。このサービスの差別化の決め手とされるものがホスピタリティとされ、ホスピタリティは「おもてなし」のハイカラな、場合によってはハイグレードでマジカルな用語として一般書で取沙汰され、これがまた商業社会のホスピタリティ風潮を推し進めるのである。学の側がホスピタリティの実学的な有用性を追い求める余りこの風潮を煽るようなことは本末転倒の誹りを免れないが、それでは学の側が唱える本来のホスピタリティが社会に置いてどのような実際的な有用性を持つものなのか実証的に示すことも学に求められる重要なミッションであるだろう。学における研究テーマがこれほど実社会との濃い関係に晒され、先述したように言葉の普及が実社会先行型になっている研究の領域は少ない。学者をして「実学的な学問分野」と言わしめる由縁であり、「ホスピタリティ学のすすめ」のような入門的なワードが使用される理由でもある。

　本書では、ホスピタリティの社会での実際的な意義を明らかにするために第Ⅱ部で三つの領域を捉える。「おもてなし講座」という笑顔の作り方や心のこもったおもてなし作法ではなく、本来のホスピタリティの視点の現代的な意義や関わりについて実証的に示すためである。一つは企業や組織のマネジメントをホスピタリティの視点で捉えることである（第6章）。国籍や国境を越え多様な考えを交え構築・展開するグローバル提携や新種のビジネスモデルを創出する経営の動機となるホスピタリティ・マネジメントの例を具体的事例で検証する。もう一つは人間社会、就中、人間形成に関わる教育におけるホスピタリティの視点であり、より具体的にはグローバル人材の育成教育にホスピタリティの視点を教学のディシプリンとすることについて第7章で提起する。更に第8章では、hospitalityの日本的変容とでも言うべき「日本のホスピタリティ」が訪日観光の持続可能な推進に関わる点を通して、「日本のホスピタリティ」のグローバル社会への発信について取り上げる。成長戦略に位置付ける観光立国のインフラであるインバウンドツーリズムが、「日本のホスピタリティ」の発信インフラとしてワークする点を検証する。

第2節　ホスピタリティ先行研究をレビューする

1　hospitality の起源と現代的視点

　hospitality の起源や語源については多くの学術論文で触れられているが、言語の沿革説明に終始するものが多い。言葉をめぐる言説はそれ自体有意義ではあるが、現代社会との関わりや現代的意義を考えるに当たっては、実体感のある実際的な繋がりについて語源を通して現代人に身近に示す必要もあるだろう。一方では、hospitality を我々が生きる現代社会の言葉や概念で適切な説明がつけにくいこともあり造語に頼る説明も見受けられる。これらのことを指して「過度の語源重視」とか「造語の多用」を問題視する指摘もある [6]。前出した吉村の指摘にもあるように（第2章2-2）、現代社会で使用される言葉や概念はそのまま古代のローマに当てはまるわけではないから、当時の hospitality を捉えるには社会の実相を実体的に理解する努力や工夫が必要である。「過度の語源重視」とされる弊は言語の沿革の表層的な説明に終わっているからかもしれないし、「造語の多用」では古代と現代の結び付けとなる実際的な踏み込みの一歩が必要なのかもしれない。これらのことを厳に頭に置き、hospitality という言葉、考え方が古代ローマ社会で何故必要だったのか現代的視点について先行研究を踏まえレビューする。

　19世紀以来の言語学の発達で、インドからアイルランドに至る地域のほとんどの言語は一つの共通の祖語に還元されることが明らかになっている。未だ文字が存在しない先史時代のことで記録による確認ができるわけではないが、言語学の領域で理論的に構築された言語体系の観点から解明されている。言語は使用する人があってのものだから、インド・ヨーロッパ祖語（印欧祖語）という言語体系が確認されるとすれば、これを共有するインド・ヨーロッパ人が存在していたことになる。言葉はそれを使用していた人たちの生活の仕方や知恵、考え方を反映する媒体であり確認情報となるものであるから、理論的に構築された言語体系から、当時の人々の生活の営みを帰納法的に推論することが可能なのである。

　荒木（1995）[7] では、遊牧という生業経済を生きざまの中心に据えるイ
ンド・ヨーロッパ人のコアパーソナリティを捉えて説明する。「放牧の民は
広漠たる砂漠や草原を、水と草をもとめながら牧獣の大群とともに家族単位
で放浪する。そこにあるのは苛烈極まりない自然と、放置すれば殺し合う人
と人、徹底的略奪と全村皆殺しのごとき惨劇の繰り返しであった」、「人が生
存してゆくために要求される精神は、頼るものは自己 1 人と言ったあくなき
自立の心構えと、共存のための知恵であった」、「いうなれば人と人とは断絶
の淵を前にして絶望的に向かい合っているというある意味での個と個の断絶
の認識なのである」としてインド・ヨーロッパ人の人間観・生活観とでもい
うべき点を指摘する。このような風土、人間観の下で形成された「異人歓待」
という hospitality のコアとなる実像を理解し、それが現代社会ではどのよう
な意味があり、どのように社会と関わるのかを考える必要がある。
　この「異人歓待」というのは、近代国家の枠組みの下で SNS などの手段
で得られる様々な情報を元に国籍や国家思想などを通して了解する「異人＝
異国の人」を笑顔で迎えるというような、ある意味で穏やかで国際的なマナ
ーとでも言うべき「客人歓待」（protocol）とは明らかに異なる。質も程度も
遥かに異なったものである。国や組織、国際的な取り決めによって守られた
環境ではない。何もかもが自らの力で察知し判断を迫られる生命の危険と直
結する「異人」なのであり、その上でこの異人を受け入れ共存してゆくため
の英知とでもいうべきぎりぎりの「歓待」である。現代的には、緊張状態に
ある外交で行われる様々なプロトコールが hospitality の態様に近いかもしれ
ない。
　この原義を現代社会に重ねて考えるとどのような意義を見出すことができ
るのか考えたいのである。様々な情報と確立した概念に基づく安全や安心が
前提となる現代社会では、hospitality の「異人歓待」は現代的な「おもてなし」
という「客人歓待」の言葉に置き換えてサービス産業化社会の言葉として扱
う。もっとも、時代や社会背景が異なるのだからもともとの言葉の意味を現
代社会から切り離した異次元、異空間の語源説明に終始するのでは、現代社
会との一体感を持たない「過度の語源重視」との誹りも免れない。

hospitality の原義であるこの「異人歓待」の精神であり英知から導かれるディシプリンのコアにあるものを演繹的に学び取り、ホスピタリティが現代社会の様々な事象にどのように関わり適用できるのかという角度から考えなければならない。hospitality の原義に包摂される概念が現代社会の様々な事象にどのように説明や示唆を与えることができるのか、「現代ホスピタリティ論」の視点で究明することを目指す。そこで、印欧祖語、ラテン語と引き継がれた hospitality の原義を現代的視点から解明するのが次項である。

2　hospitality の原義についての現代的視点

　印欧祖語に淵源を置き、ラテン語、古フランス語を経て英語になった hospitality の原義は、「好もしい余所者」を意味するラテン語の hostis、「余所者」を厚遇する主体者であり同時に客体者を意味する hospes からきている（佐々木・德江 2009）[8]。hostis とは単なる「余所者」ではなく「好もしい余所者」である。すなわち、「ローマ領の住人でローマ市民と同等の権利義務を持つ者、味方としての余所者」であると説明される[9]。ローマ市民と同等の権利（ローマ市民権）をローマと闘い敗れた異人である余所者にも与えるという寛容な精神性や概念を表す言葉が原義としての hospitality でありこの現代的意味を理解しなければならない[10]。

　hospitality を語源に遡り定義に結び付ける学術研究は多いが、印欧祖語、ラテン語、古フランス語、英語と言葉の変遷を辿る言語の流れを説明することが中心となり、何故そのような考え方や言葉が必要とされ様々な言語に引き継がれることになったのか、その実態や背景に訴求して明らかにする研究は少ない。言うまでもなく言葉は考えや思いを盛り込み意思の伝達や情報の交換手段として生活観を共にする一定の地域で共有されたものである。hospitality の祖語となる言葉や概念が地球のある場所で誕生したとすれば、その地域に hospitality という言葉を必要とする共通の生活事情が背景にあったに違いない。前出荒木が指摘するインド・ヨーロッパ人の人間観への理解もここでは必要になるだろう。エミール・バンヴェストは (1986)[11]言語学の視点から「客人歓待の正確な概念は正に此処に由来する。換言すれば、

hostis とは〈互酬関係にある者〉を意味するのであって、これが客人歓待制度の土台になっていた」と指摘する。この「互酬関係」について弓削（1989）[12]では異人歓待の中身は、ローマ市民権を構成する私有財産の保証や選挙権、裁判を受ける権利などと共に、ローマ人と同様に軍務につくことが一体として構成されたものであると説明する。すなわち、ローマ人と同等に権利を持つことで同時に軍務に服しローマ帝国を形成する互酬関係が客人・異人歓待の核として採用されていたのである。これを現代社会に置き換えると、必ずしも紛争というケースを前提にしなくても双方向の win-win 関係の発想として理解することができる。このようにローマ人は市民権（ラテン語のキビタス civitas）を他の民族にも鷹揚に与える異人歓待の考え方を戦略的な寛容性の精神としたことで 1000 年以上も続く帝国の礎とした。

　hospitality という異人歓待の考えと 1000 年以上も続いた大帝国との因果関係の実証も hospitality の現代的意義として重要な課題ではある。文化的には遥かに進んだアテネ（イオニア人）やスパルタ（ドーリア人）も同様に都市国家を形成したが、ローマのように市民権を他の民族には与えなかった。アテネに住み長年アテネに貢献したアリストテレス（マケドニア人）も一生市民権は与えられなかった。アテネやスパルタなどの都市国家が早期に滅亡したのは hospitality という考えを持たなかったからなのか現代的な問題ではある。高坂（2012）[13] は『文明が衰亡する時』の中で、「豊かになることが人々を傲慢にし、かつ軟弱にするので文明を衰頽に向かわせるというのは何回も何回も論じられてきた」（10 頁）として巨大ローマ帝国の衰亡程繰り返し扱われてきた主題はないとしながら長きに亘る繁栄の理由について述べる。一つはローマ人が生み出した「軍団」（レジョン）だとして規律を重んじる点を指摘する。二つ目に視野の広い外交として「勝利したイタリアの諸国家を属国にせず同盟国として内政に介入せず、……狭い視野で戦利の成果をむさぼらず寛大に扱ったのであり、それ故、支配を永続させることが出来たのである」（前掲高坂 30 頁）としている。ローマ人の寛容とも思える異人歓待の考えは「お人よし」ではなく、長期に亘る多民族国家を維持するのに必要な「異人」との共生の戦略的な英知であったのである。現代の事象に目を向け

るとはいえ、この hospitality の生成やその背景を捨象して一足飛びに笑顔でお迎えするお辞儀やおもてなしの作法に結びつけるというのでは原義との間に些か大きな距離、違和感が残る。

　「好もしい余所者」という異人歓待の概念は、絶え間なく続く紛争下で領土を維持し拡大してゆく上で、戦利品として獲得した敵人を奴隷とはせずローマ人と同等の市民権を与え共同体内に遇し共に軍事力を担う者とする、寛容であるが戦略的な精神に基づいている。インド・ヨーロッパ人の遠祖が異人と共生しながら生き延びる英知として培った異人歓待の考え方は、古代ローマ社会でより制度的なものとして確立し hostis という概念を生んだのである。好もしい余所者である hostis とは敵であった異人を受容し、市民権をも付与して軍事力に組み込む異人歓待の思想であり、このような互酬関係の上に成立した戦略的・外向的な英知であり規範であったと言える。

　後に誕生したキリスト教など宗教の「教え」の中に、hospitality の理念や精神が引き継がれていることを説明する研究も見られる（大津 2005）[14]。hospitality はキリスト教誕生以前に成立していた概念であるが、後に新約聖書（キリスト教）の中に引き継がれ、「巡礼者を主とした異邦人に対して」飲み物、宿泊を提供し、手を差し伸べ「旅人をもてなす」ことなどとして hospitality の行為を説明する。また、山上（2011）[15] では、hospitality はキリスト生誕以来、十字軍の遠征や巡礼を守護、接待する修道騎士団、ホスピタル騎士団（ヨハネ騎士団）とも関係すると説明する。これらの宗教に受け継がれる行為や事象から hospitality を帰納的に概念付ける研究の立場である。また、現代のサービス産業での「笑顔」や「接遇」、「感動の共有」という点から hospitality を帰納的に説明する研究も散見される[16]。

　現代社会という磁場にある個々の行為や事象ありきで hospitality を帰納的に定義付ける方法では、後代の社会における行為や事象から hospitality を意味付け、現代風に後付けすることにならないように留意が必要だろう。むしろ、hospitality の語源や原義から演繹的に hospitality の本質を引き出し、その視点から現代社会における事象や行為を説明することが求められる。「危害を加えない、好もしい余所者に対する厚遇」という古代ローマ社会が必要

とした hospitality の原義を演繹的に明らかにし、定義付ける。その上で現代社会の様々な営みや行為、事象について hospitality の関わりや現代的意義を検証し現代社会に適用できる hospitality のディシプリンを明らかにすることを本書の視点に置きたいと考える。

第3節　ホスピタリティ研究の潮流と展望

1　ホスピタリティの定義、概念付け

　hospitality の定義、概念については様々な学問分野の視点から研究が進められ、多義的な側面が指摘される。経営学や社会学、更には人類学、哲学、神学などの視点から hospitality を捉えようとするために、結果的に多義的な捉え方になるのではないかと考える [17]。hospitality の先行研究では定義に様々なアプローチがされる。辞書（Oxford English Dictionary など）からの論考や、「おもてなし」と比較検証するもの（寺阪・稲葉 2014）[18]、「お辞儀や挨拶」などの初等教育での学び、道徳と関連させるものもある（石丸 2010）[19]。これら全てをレビューする紙数は無いが、本項で hospitality を定義付けるに際し注目する概念の主なものを掲げる。第2章で hospitality の主体である「人間」に着目したが、本項では以下に先行研究を通して hospitality の定義付けを行う。注目すべきは、hospitality の主体である「人間」を明らかにする視点が同時に hospitality の定義に繋がる点である。

　吉原（2004）[20] では「他者を受け入れ、他者に対して心を用いて働きかけ信頼関係づくりを行って、お互いに補完し合い何かを達成してゆく心と頭脳の働き」として人間の精神的な内面に注目する定義。古閑（1994）[21] では「異種の要素を内包している人間同士の出会いの中で起こる触れあい行動であり、発展的人間関係を創造する行為」として hospitality の行為面に注目し定義付けている。佐々木・德江（2009）[22] ではこの双方が必要だとして「人間同士の関係において、より高次元の関係性を築くべく『相互』に持つ『精神』や『心構え』であり、それに伴って応用的に行われる『行為』も含む」として、人間の内面と行為の両方を定義に加えている。

　服部(2006)[23]では狭義と広義の両面から定義を試みている。すなわち、「ホストとゲストが対等となるにふさわしい相関関係を築くための人倫」として「ひと」に目を向け狭義の定義とする一方、「人類が生命の尊厳を前提とした、個々の共同体若しくは国家の枠を超えた広い社会における、相互性の原理と多元的共創の原理からなる社会倫理」として広義の定義を「人間社会」の視点から導く。

　ホスピタリティ研究には、文化人類学の知見が必要だと指摘される[24]。ホスピタリティの主体である「ひと」と社会や文化との関わりは欠くことができないとするのである。一方、和辻（1985）[25]によれば、文化人類学は「人の学であり人間の学とはならない」とし、「人間」の根本的性格に目を向ける。「人であり、同時に人々の結合あるいは共同体としての社会という二重性格」（和辻 1986）[26]を有するものとして「人間」の本質を「人間の学」の視座で捉える。hospitality の主体として、「ひと」と捉えるか、和辻の言う「人間」（「ひと」であり同時に「人間社会」である「人間」）と捉えるかで hospitality の対象は、広狭、強弱に違いが出てくるだろう。前者では、行為や気持ちの面が強く意識され、後者では社会の理念や規範の面に目が向く。「ひと」の行為や営みと同時に、「『人間』が形成する社会、その社会に律せられる『人間』」と考えると、hospitality は人間関係の構築の仕方（規範）であり、行為やそれに付随する気持ちはその規範に律せられて行う結果ということになる。ホスピタリティの主体である「人間」議論はホスピタリティが対象とする事象を捉える議論であると同時にホスピタリティを定義する議論である。

　以上の先行研究を踏まえ、本章では hospitality を「戦略的寛容性の精神として国や地域、共同体等の制約を超え、多元的な共生関係や価値を形成する理念ないし規範」[27]と定義付け、もう一方の極にある「おもてなし」との関係で形成する「日本のホスピタリティ」の立論（第5章）に備える。服部（前掲 2006）の「人類が生命の尊厳を前提とした」とする広義の定義に比較すると、原義からの演繹的考察の域を狭く捉え、また実際的な企業の戦略を視野におく点で違いがあると言える。もっとも、以上いずれの定義が正しくあるいは間違いだと説明するものではない。ホスピタリティの誤謬から発し、

hospitality の日本的変容を唱える本書において「日本のホスピタリティ」を導くに当たり hospitality の定義を位地付けようとしているのである。印欧祖語に淵源を遡り、文字により人間社会の営みが記録という手段で検証することができる古代ローマ社会でのラテン語の原義から hospitality を演繹的に定義付け、図 2-1（第 2 章）で示した「おもてなし←ホスピタリティ→ hospitality」の関係を仮説に第 5 章の考察に繋がる hospitality の定義である。

　第 2 章で導入的に触れ第 5 章で詳論する「日本のホスピタリティ」（hospitality の日本的変容）を「ホスピタリティ理論」の主題に位置付けた。「日本のホスピタリティ」とは、hospitality と「おもてなし」の概念が相互に関係し合い新たに醸成された hospitality の日本的変容と位置付けることから、まずは hospitality の概念を明確にすることが必要であった。同時に、これは混同される類似の言葉や概念を正しく識別するためでもある。類似の言葉や概念とは、ここでは「サービス」と「おもてなし」が該当する。hospitality がこれらの言葉とどのように異なるのか次章のテーマとなるが、ここで簡単に触れておきたい。

　ホスピタリティ（先行研究での記述に従い hospitality ではなくカタカナで表示する。以下同様）とサービスが異質で異なるものであることについて先行研究では明確にされている。大まかに論点を掲げれば、経済的便宜性に関わるサービスと行動規範を示す普遍性のある概念であるホスピタリティとが異なる次元にある点を指摘する考え（前田 2011）[28]、両者の語源を辿り根本的な違いを明確にした上で、人と人との関係に存在する相互性に根本を置くホスピタリティと客との主従関係にサービスの本質を捉える考え（服部 2013）[29]、サービス研究の潮流を踏まえサービスの特性を明確にしながら両者の概念の明確化を示す考え（寺阪・稲葉 2014）[30] 等、両者が異質で異なることについては異論がない。問題はこの点についても業界サイドでは、両者を同類のものとして捉えホスピタリティをサービスのより上位のものとして実務活用している点が学の視点から指摘されていることである。

　「おもてなし」についても学術研究ではホスピタリティとは異なるものとして整理されている。ホスピタリティは「おもてなし」ではないと明言する[31]

ものや、ホスピタリティはもてなしだけを意味する言葉ではないとする研究[32]、両者を類似の概念とした上でそれぞれの特徴を掲げて違いを示す研究[33]など、学術的には両者が異なるものである点に異論はない。ここでも業界では両者を同じものとして場面に応じて使い分ける点はサービスの場合と同じである。hospitality と「おもてなし」の根本的な異質性の下で両者が相互に関係し合うことで「日本のホスピタリティ」という新たな概念が形成されている点の立論、論証が本書の目指す所であり、この点について第5章で詳論する。

2 定義から展開するホスピタリティ研究の展望

　ホスピタリティの主体である「人間」を個としての「ひと」と集合体としての「人間社会」の視点に分解すると、もう一方にはホスピタリティの対象となる事象が掲げられる。これらの対象には「産業事象」、「国際事象」、「(人間) 社会」が対象となることを第2章の図2-3のイメージ図で示した。このイメージ図について先行研究を踏まえ、ホスピタリティの主体である視点と対象となる事象を例示しながらマトリックスでホスピタリティの研究領域を展望する表が表3-1である。

　この表では縦軸にホスピタリティが対象とする領域 (事象) を大きくⅠ、Ⅱ、Ⅲと3分野掲げ、それぞれ第6章、第8章、第7章がこの分野に連動している。横軸はホスピタリティの主体である「ひとの視点」(A) と「(人間) 社会の視点」(B) に区分し、縦軸/横軸の交差する領域に〈事例〉、〈論点〉の形で内容を例示した。各論点について※はそれぞれの項目について発表している研究や論文を引用、紹介している。また、※ (課題) と表示するのは、今後の研究が期待されることを表している。

　この表に基づく分析から分かることは、「ひとの視点」からのホスピタリティ研究は「(Ⅰ) 産業事象」や「(Ⅱ) 国際事象」、「(Ⅲ) 社会」の分野で多く取り組まれているが、「(人間) 社会の視点」からの研究、特に「(Ⅱ) 国際事象」を対象とする研究はこれからの課題として残されているということである。グローバル化社会に向けてのホスピタリティ視点に基づく研究が

表3-1　ホスピタリティの視点と対象

ホスピタリティの視点からみる対象		ホスピタリティの主体からみる視点	
		A.「ひと」の視点 感動、喜び、察し、おもいやり、行動	B.（人間が形成する）「社会」の視点 理念、精神、規範
（Ⅰ）産業事象	ホスピタリティの視点 〈事例〉 ①NWC（従来の大手航空） ②LCC（格安航空） ③観光・サービス産業	〈論点〉 ①おもてなし、接遇　　　　　※1 ②適切＆熟練の対応、臨機応変　※3 ③産業、企業人としてのおもてなし、接遇　　　　　　　　　　　※5	〈論点〉 ①異文化交流のインフラ（路線網） 　　　　　　　　　　　　　　※2 ②新規市場（消費者）への視点　※4 ③異文化交流、国際理解の増進
	ホスピタリティ・マネジメント 〈事例〉 ④NWC ⑤LCC ⑥マーケティング ⑦観光産業	〈論点〉 ④統一的接客マニュアル・教育　※6 　機内サービス教育・訓練 ⑤No-frills をベースに有償対応 　機内対応（熟練人材）　　　※8 ⑥マーケティングとホスピタリティ教育　　　　　　　　　　※10 ⑦ホスピタリティ・マネジメント観光人材の育成　　　　　　　※11	〈論点〉 ④多国籍、グローバル提携におけるマネジメントのディシプリン　※7 ⑤Low Cost/Point-to-Point の新ビジネスモデルの創出垂直的差別化戦略の視点　　　　　　　　※9 ⑥事業のグローバル展開、新規参入 　　　　　　　　　　　　　（課題） ⑦Destination Management Compaby 等新規事業創出の視点　　　（課題）
（Ⅱ）国際事象	日本のホスピタリティ 〈事例〉 ①訪日観光 ②多文化共生社会	hospitality の原義と「おもてなし」の幅の中で捉えるホスピタリティの日本的変容	
		〈論点〉 ①生活者である国民・住民視点で外客を迎え、歓待するインバウンドツーリズム　　　　　　　　　※12 ②異文化歓待（hospitality の原義） （課題）	〈論点〉 ①国際理解の増進とインバウンドツーリズム　　　　　　　　　（課題） ②多文化共生社会のディシプリン　※ （課題）
（Ⅲ）社会	ホスピタリティの視点 〈事例〉 ①人材育成＆教育	〈論点〉 ①ホスピタリティと EQ　　　※13 ホスピタリティの視点と人材育成 　　　　　　　　　　　　　※15	〈論点〉 ①人材育成教育と教学ディシプリン 　　　　　　　　　　　　　※14

（出所）表注記の先行研究を踏まえ筆者作成。

〈関連する論文等の一例〉

※1、6　野村佳子（2010）「サービス品質とホスピタリティのメカニズム」、『国際広報メディア・観光学ジャーナル』第10巻、pp.73-89.

※2、7　山路顕（2015）「Airline Global Alliance のマネジメントについての一考察」、『HOSPITALITY』第25号、pp.41-49.

※3、4、8、9　山路顕（2017）「LCC ビジネスモデルにおけるホスピタリティ・マネジメントの視点と考察」、『HOSPITALITY』第27号、pp.75-84.

※5　王文娟（2015）「『接客業』という概念について」、『広島大学マネジメント研究』第16号、pp.1-16.

※10　親泊政子・平敷徹男（2005）「インターナル・マーケティングにおけるホスピタリティ教育」、『琉球大学・経済研究』第69号、pp.91-160.

※11　経済産業省（2009）『ホスピタリティ・マネジメント　高度経営人材育成プログラム開発』、経済産業省商務情報政策局

※12　山路顕（2019）「インバウンド（訪日）ツーリズム推進におけるホスピタリティの視点と考察」、『HOSPITALITY』第29号、pp.67-76.

※13　古閑博美（2004）「ホスピタリティと EQ」、『嘉悦大学研究論集』第46巻第2号、pp.37-51.

※14　山路顕（2018）「グローバル・コンピテンスの涵養とホスピタリティの視点についての考察」、『HOSPITALITY』第28号、pp.49-58.

※15　吉原敬典（2001）「ホスピタリティを具現化する人財に関する一察」、『長崎国際大学論叢』第1巻、pp.281-290.

今後ますます重要になってくるだろう。そしてこの文脈で「日本のホスピタ
リティ」の概念や視点の更なる精査が進むことが期待される。

第4節　ホスピタリティ・マネジメントの概念

　hospitality の視点や概念を企業の経営やビジネスに活用する hospitality
management（ホスピタリティ・マネジメント）という考え方が米国を中心に
広がり、我が国でも「日本ホスピタリティ・マネジメント学会」[34]を中心
に研究が進んでいる。ホスピタリティの社会における実際的な働きを探求す
る取り組みとして注目される。ホスピタリティ・マネジメントの概念につい
ては、「ホスピタリティ産業」におけるマネジメントと捉える考え方と、ホ
スピタリティの視点を（「ホスピタリティ産業」に限定せず）広く産業や組織
におけるマネジメントに適用するとする考え方がある[35]。

　Brotherton and Wood（2000）[36]では、ホスピタリティ・マネジメント研
究に係る英国高等教育委員会（Higher Education Funding Council for England）
の付託研究レビューを好例に引きながら「ホスピタリティ・マネジメント」
は飲食、宿泊分野（food, beverages and/or accommodation）のサービスに関連
して行われるマネジメントを核とするとしている。

　Hayes and Ninemeier（2009）[37]では、旅行・観光産業（Travel and Tourism
Industry）の中に運輸業（Transportation Services）、小売業やクルーズ、カジノ、
スポーツクラブなどの目的ビジネス（Destination Businesses）とホスピタリ
ティ産業（Hospitality Industry）を分類する。その上で、ホスピタリティ産業
を更に宿泊分野（Lodging Segment）、飲食分野（Foodservice Segment）及び他
の分野（Other Hospitality Segment）に分類し、労働集約型（labor-intensive）
の産業と定義付けている。近藤（1995）[38]では「欧米では、ホスピタリティ・
インダストリーとは、『飲む、食う、泊まる』を提供する飲食業とホテル業
を意味し、ホスピタリティ・マネジメントとはそれらの産業の経営を意味す
るものとして定着している」点に触れている。

　これら先行研究では、「ホスピタリティ産業」の捉え方についても広狭の

差異が見られる。福永・鈴木（1996）[39]では、米国では「観光産業（旅行、宿泊、飲食、余暇）、健康産業（病院、フィットネス）、教育産業」がホスピタリティ産業として対象とされている点を指摘する。山口（2006）[40]では、サービス産業との比較を通して最狭義（宿泊、飲食業）、狭義（交通、余暇を含む観光産業）、広義（教育、健康産業）、及び最広義（人的対応が必要となる産業）と四つの領域区分を提示する山上（1999）[41]の定義を引用した上で、「ホスピタリティが一般的に言われているサービス業以外の産業においても必要となっていることが明らか」であるとする。その上で、ホスピタリティ産業の枠を広く捉えることで「ホスピタリティの視点によるマネジメント」とする考え方との統合を図っている。

　King（1995）[42]では、どのような種類の産業のマネジメントにホスピタリティの視点が適用されるかはホスピタリティの概念をどう捉えるかであるとして、ホスピタリティ概念との連関においてホスピタリティ・マネジメントの領域を捉える点を指摘する。本書では、ホスピタリティ・マネジメントの概念及びその適用について、ホスピタリティ産業に限るとする立場（ホスピタリティ産業の捉え方の広狭に拘わらず）を採らず、あらゆる産業、産業以外の組織のマネジメントにホスピタリティの視点を適用することと位置付ける。この視点に基づいて第6章で具体的な産業事例について検証する。

注

（1）徳江順一郎（2012）『ホスピタリティ・マネジメント』、同文舘出版、p.6.

（2）加藤鉱・山本哲士（2009）『ホスピタリティの正体』、ビジネス社、p.84.

（3）前田勇（2011）『現代観光とホスピタリティ』、学文社、pp.17-30.

（4）服部勝人（2011）『ホスピタリティ学のすすめ』、丸善出版、pp.9-14.

（5）内閣府（2014）「サービス産業の生産性」（平成26年4月18日）

（6）徳江順一郎（2012）『ホスピタリティ・マネジメント』、同文舘出版、pp.44-47.

（7）荒木博之（1995）『やまとことばの人類学—日本語から日本人を考える—』、朝日新聞社、pp.58-66.

（ 8 ）佐々木茂。徳江順一郎（2009）「ホスピタリティ研究の潮流と今後の課題」、『産業研究』、第 44 巻第 2 号、pp.2‐3.

　　　　服部勝人（1996）『ホスピタリティ・マネジメント』、丸善ライブラリー、pp.15‐20.

（ 9 ）服部勝人（2011）『ホスピタリティ学のすすめ』、丸善、pp.74‐84.

（10）塩野七海（1993）『ローマ人の物語Ⅰ』、新潮社では、ローマ建国に当たってのサビーニ族との戦勝和平に触れ、「サビーニ族の自由民全員には、ローマ人同様の完全な市民権が与えられた」「敗者でさえも自分達に同化させるこのやり方くらい、ローマの強大化に寄与したことはない」とのプルタルコスの『列伝』を引用し（pp.34‐35）、ローマの誕生、ローマ連合にも言及、「ローマ人は自国の市民権を他国に与えるのに、大変に鷹揚であった民族である。それは、ローマの軍団がローマ市民権所有者のみで構成されていたからでもあった」（p.221）と説明している。

（11）前田耕作監修（1986）『インド＝ヨーロッパ諸制度語彙集Ⅰ』（エミール・バンヴェスト）、言叢社、pp.80‐95.

（12）弓削達（1989）『ローマはなぜ滅んだか』、講談社現代新書、pp.26‐34.

（13）高坂正堯（2012）『文明が衰亡する時』、新潮新書

（14）大津ゆり（2005）「キリスト教におけるホスピタリティ精神」、『埼玉女子短期大学研究紀要』第 16 号、pp.151‐163.

（15）山上徹（2011）『ホスピタリティ精神の深化』、法律文化社、p.14.

（16）野村佳子（2010）「サービス品質とホスピタリティのメカニズム」、『国際広報メディア・観光学ジャーナル』、No 10、pp.82‐84.

（17）佐々木茂・徳江順一郎（2009）「ホスピタリティ研究の潮流と今後の課題」、『産業研究』第 44 巻第 2 号では、神学では Koening (1985) や Pohl (1999)、社会学では Goffman (1969), Douglas (1975), Bordieu (1984), Finkelstein (1989), Featherstone (1991), Beardsworth & Keil (1997), Bell & Valentine (1997), Ritzer (2004)、人類学では Selwyn (2000)、哲学では Telfer (1996), Derrida (2002) などが hospitality に触れた研究をしているとする。

（18）寺阪今日子・稲葉祐之（2014）「〈ホスピタリティ〉と〈おもてなし〉サービスの比較分析」、『社会科学ジャーナル』、78、pp.86‐96.

（19）石丸淑子（2010）「大学生のホスピタリティに関する認識と理解」、『京都光華女子大学短期大学部研究紀要48』、pp.101‐108.

（20）吉原敬典（2004）「ホスピタリティ・マネジメントの枠組みに関する研究（Ⅰ）」、『日本ホスピタリティ・マネジメント学会誌　HOSPITALITY』、第 11 号、pp.150‐153.

（21）古閑博美（1994）「秘書の行動におけるホスピタリティ・マインドの重要性」、『嘉悦女子短期大学研究論集』、第 66 号、p.18.

（22）佐々木茂・徳江順一郎（2009）「ホスピタリティ研究の潮流と今後の課題」、『産業研

究』、第 44 巻第 2 号、pp.4‐5.

（23）服部勝人（2006）『ホスピタリティ・マネジメント学原論』、丸善、p.117.

（24）古閑博美（2003）『ホスピタリティ概論』、学分社、p.20.

（25）和辻哲郎（1985）『人間の学としての倫理学』、岩波全書、p.21.

（26）和辻哲郎（1986）『風土』、岩波書店、pp.18‐20.

（27）山路顕（2015）「Airline Global Alliance のマネジメントについての一考察」、『日本ホ
　　　スピタリティ・マネジメント学会誌　HOSPITALITY』第 25 号、p.43.

（28）前田勇（2011）『現代観光とホスピタリティ』、学分社、pp.24‐26.

（29）服部勝人（2013）『ホスピタリティ学のすすめ』、丸善出版、pp.69‐84.

（30）寺阪今日子・稲葉祐之（2014）「〈ホスピタリティ〉と〈おもてなし〉サービスの比
　　　較研究」、『社会科学ジャーナル』、78、pp.86‐96.

（31）徳江順一郎（2012）『ホスピタリティ・マネジメント』、同文舘出版

（32）服部勝人（2011）『ホスピタリティ学のすすめ』、丸善出版、pp.93‐96.

（33）長尾有記・梅室博行（2012）「おもてなしを構成する要因の体系化と評価ツールの開
　　　発」、『日本経営工学会論文誌』、Vol.63 No.3、pp.127‐134.

（34）日本ホスピタリティ・マネジメント学会（Japan Academic Society of Hospitality
　　　Management）：平成 4 年（1992 年）8 月に日本ホスピタリティ研究会（学会設立準
　　　備委員会）として発足、平成 9 年（1997 年）10 月 4 日より「日本ホスピタリティ・
　　　マネジメント学会」として営利組織・非営利組織のマネジメントを視野に入れた学
　　　会活動を展開している（同協会の HP より　2019 年 2 月閲覧）。

（35）吉原敬典（2012）「ホスピタリティ・マネジメントの構造に関する一考察」、『目白大
　　　学　経営学研究』、第 10 号、17‐28、p.17.

（36）Bob Brotherton and Roy C. Wood (2000), Hospitality and hospitality management, In
　　　Search of Hospitality, Reed Educational and Professional Publishing LTD 2000, pp.144‐
　　　145.

（37）David K. Hayes and Jack D. Ninemeier (2009), Human Resources Management in the
　　　Hospitality Industry, John Wiley $ Sons, Inc., pp.4‐6.

（38）近藤隆雄（1995）『サービス・マネジメント入門』、生産性出版、pp.177‐178.

（39）福永昭・鈴木豊（1996）、『ホスピタリティ産業論』、中央経済社、pp.3‐5.

（40）山口一美（2006）「ホスピタリティ・マネジメントへの一考察」、『生活科学研究』、
　　　Vol.28、pp.85‐86.

（41）山上徹（1999）『ホスピタリティ・観光産業論』、白桃書房

（42）King, Carol A. (1995) What is Hospitality?　International Journal of Hospitality
　　　Management, 14, No.3‐4, pp.219‐234.

【参考文献】

荒木博之（1995）『やまとことばの人類学―日本語から日本人を考える―』、朝日新聞社

加藤鉱・山本哲士（2009）『ホスピタリティの正体』、ビジネス社

古閑博美（2003）『ホスピタリティ概論』、学分社

高坂正堯（2012）『文明が衰亡する時』、新潮新書

徳江順一郎（2012）『ホスピタリティ・マネジメント』、同文舘出版

服部勝人（2011）『ホスピタリティ学のすすめ』、丸善出版

福永昭・鈴木豊（1996）『ホスピタリティ産業論』、中央経済社

前田勇（2011）『現代観光とホスピタリティ』、学文社

前田耕作監修（1986）『インド＝ヨーロッパ諸制度語彙集Ⅰ』（エミール・バンヴェスト）、言叢社

山路顕編著（2013）『航空とホスピタリティ』、NTT 出版

山路顕（2015）「Airline Global Alliance のマネジメントについての一考察」、『HOSPITALITY』第 25 号

山本哲士（2008）『ホスピタリティ原論』、文化科学高等研究院出版局

弓削達（1989）『ローマはなぜ滅んだか』、講談社現代新書

弓削達（1964）『ローマ帝国の国家と社会』、岩波書店

和辻哲郎（1985）『人間の学としての倫理学』、岩波全書

和辻哲郎（1986）『風土』、岩波書店

Bob Brotherton and Roy C. Wood (2000), Hospitality and hospitality management, In Search of Hospitality, Reed Educational and Professional Publishing LTD 2000

Conrad Lashley & Alison Morrison (2000), In Search of Hospitality, Theoreticalperspectives and debates,Butterworth‐Heinemann

David K. Hayes and Jack D. Ninemeier (2009), Human Resources Management in the Hospitality Industry, John Wiley $ Sons, Inc.,

King, Carol A. (1995) What is Hospitality? International Journal of Hospitality Management, 14, No.3‐4

Stephen Ball, Susan Horner and Kevin Nield (2007), Contemporary hospitality & tourism, Butterworth‐Heinemann

【コラム④】

現代アートと「和」の旅館とホスピタリティ

　那須塩原に板室温泉という古い湯治場がある。11世紀、後冷泉天皇の時代、那須三郎宗重が発見し千年の湯治場として今に伝わる温泉である。2003年11月、バブル崩壊のあおりを受けて県の中心的な足利銀行が倒産、日光では「日光金谷ホテル」ほか10数件が倒れ、那須高原で「那須ビューホテル」が民事再生法の適用となった。板室でも御多分に漏れずばたばたと倒産してゆく温泉旅館の中で、一軒だけが影響を受けず黒字経営を続けている奇跡の旅館があった。

　室町時代から460年続く老舗の「大黒屋」旅館である。年間の宿泊者数が約12,000人、内リピーター客が73％を超える。16代目の当主である室井俊二社長が現代アートを旅館経営に採用しているのである（山下袖実『客はアートでやって来る』東洋経済新報社、2008年）。

　早速、取材を兼ね泊りに行った（2009年2月）。彫刻、絵画の現代アートが不思議と「和」の旅館に溶け込んでいる。現代アートであるがゆえに一見しただけでは何を意味するものかが分からない。暫くぼんやりと見つめていると自分なりのイメージが、アートとの対話を通してひとりでに湧いてくる。そのイメージは見る人それぞれで全く違うものかもしれない。旅館とはいかにも不釣合いな現代アートが不思議と空気を作り、宿泊客は目に見えないその空気を鋭く体感する。更に、その空気は従業員の「傍（ハタ）を楽（ラク）にする」働きに繋がっている。アートがお客を歓待し従業員の士気を高めているのである。

　現代アートが「和」の旅館という空間で、宿泊客との一対一の関係を創るのである。不特定多数を一括りにするサービス業で「個」に目を向け歓待するホスピタリティ研究に、ご厚意を得て何度かゼミ合宿をさせてもらっている。

「大黒屋」旅館の庭とアート

第4章
「ホスピタリティ」と「サービス」と「おもてなし」

第1節　問題の所在

　我が国のサービス産業が GDP、就業者数に占める割合は共に7割を占め⁽¹⁾、国全体がサービス産業に大きく依存する時代になっている。サービス産業が国民生活や国の経済を左右するわけだから、サービス産業の根幹となる競争力のあるより良いサービスとは何なのかが追究されるのは当然である。競争力のあるより良いサービスが国の経済を支えることに繋がるのである。近年、このサービス産業化する経済社会を舞台にして、「サービス」や「おもてなし」、「ホスピタリティ」と言う言葉が交錯して使用されることが多い。結果、サービス、おもてなし、ホスピタリティはどのように異なり、どのように関連するのか学術社会での議論に目が向けられる。

　この議論では、その違いや相互の関わり方を明らかにすることの意義が明らかにされなければならないが、サービス産業が議論のフィールドとされるから、現代産業社会にとっての実益をめぐる議論に終始することが多い。サービスマニュアルと対比し、おもてなし、ホスピタリティの評価指標の設定と実践によるビジネスの競争優位が重要なテーマとして扱われるのである。社会に実用的な利益が即見込めない学術論議や難解な理論研究には、産業社会の関心が遠のくからである。ホスピタリティと「おもてなし」、サービスがそれぞれ異質で異なるものだとする学術研究と併行して、それぞれが同類の業界用語として場面に応じて使い分けられることについては既に指摘した。この現象に対して学のサイドで探究する「ホスピタリティ」が、実社会にお

いても具体的有用性、実際の利益を伴うものであることが求められる。しか
し、この学究的な取り組みは、まず産業的実益ありきでこれに見合う実践に
視点が固定されては学本来の追求も叶わなくなる。では、学が研究対象とす
るホスピタリティがどのように産業社会での実益をも射程に入れながら、か
つ産業社会の業界用語の域に埋没しないで本来のホスピタリティの現代的意
味や意義を引き出すことができるだろうか。この命題が本書の基底にある問
題意識である。実務社会で混同、誤用するホスピタリティとサービス、「お
もてなし」についての学の視点から問題となるところを本章で整理すること
としたい。

第2節　サービスとホスピタリティ

1　語源をめぐる因縁

　本書ではサービス論を専門的な観点から扱うわけではないので詳論しない
が、確かにサービスという用語は幅広く多義的に使用されていることが分か
る。Webster 英語辞書によれば、表4-1に示すような意味で広く日常の中
で使われていることは誰もが認識している。更に加えて和製英語のような造
語も氾濫している。家庭サービスやサービス残業などという表現はいつの間
にか定着してしまった。ハワイのホテルで「モーニング・サービス」を尋ね
たら教会を案内されたという笑い話には苦笑する。morning service は朝の
礼拝であるが、日本人の間では午前中のトーストとゆで卵の安いセットメニ
ューである。外国語がカタカナ外来語として幅広く時には変貌を遂げながら
日本の地に根付いて基本語化するプロセスについては第1章のホスピタリテ
ィの登場で言及したので参照いただきたい。

　サービスの語源を辿ればラテン語の servus/servos（奴隷、戦利品として獲
得した異人）が servitium（奴隷の身分、奉公）を経て service となったことは
明らかにされている。また、servant（召使、使用人）、serve（仕える、尽くす）、
subservient（屈従する）、deserve（値する）などの言葉が派生語として現代
社会まで繋がって使用されている。古代ローマで、紛争を経て「好もしい余

表4-1 辞書に見るサービスの現代的意味

サービスの英和辞典から	
①他人に対する奉仕	社会奉仕、医療
②公共事業	1) 列車などの運行、便 2) 〒、電信、電話等の事業 3) ガス、水道などの供給
③ホテル、レストラン、店等のサービス、客扱い、客への対応、給仕、注文伺い	room servise, telephone service
④アフターサービス、点検修理	
⑤サービス業	精算に関係のない、労務、便宜 娯楽の提供
⑥奉仕、雇用、使われること	domestic service（女中奉公）
⑦官庁などの部門、⑧軍役、兵役、⑨食器の一揃い⑩礼拝、お勤め、⑪テニスのサービス	

　所者」（hostis）がローマ市民と同等の権利を与えられ厚遇された（hospes）ことに淵源を置く hospitality と、戦争の戦利品として「好もしくない余所者」としての奴隷（servus/servos）を語源に置く service が現代社会で再び顔を突き合わせて異質／同類の議論を呼び起こしているのは何かの因縁である（図4-1参照）。

　サービスの現場ではこれら語源や派生語の展開、含意を忖度してか、お客様に「仕える」という非現代的なイメージに繋がるサービスという言葉を避けホスピタリティという言葉を活用している節もある。すなわち、心のこもったより上質なサービスを演出する言葉がホスピタリティであるという風潮が作り出されているのである。両者の語源に沿い、現代サービス産業バージョンで両者の違いを示すなら表4-2がイメージとして参考になるのではないだろうか。

図4-1　語源から見る service と hospitality の関係

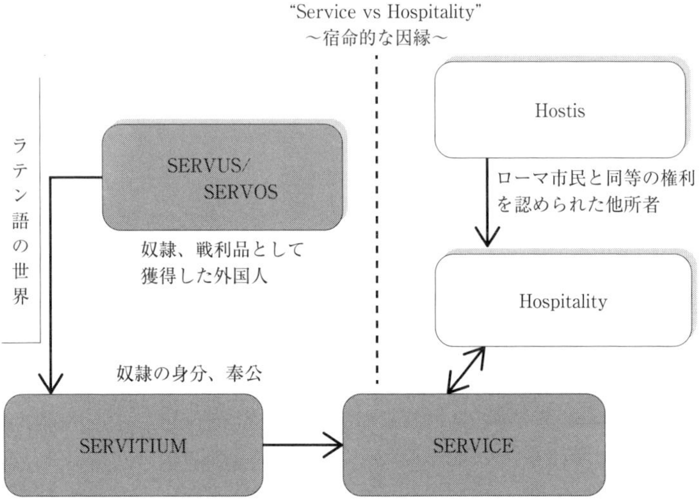

"Service vs Hospitality"
〜宿命的な因縁〜

（出所）筆者作成。

表4-2　産業界に役立つサービスとホスピタリティの違い

サービス　vs　ホスピタリティ

比較項目	サービス	ホスピタリティ
関係	主人と従者	ホストとゲスト
概念	仕える、給仕	おもてなし、共感
機能	等価値提供	付加価値創造
追究	迅速性、効率性	相互性、精神性
要素	合理性、均一性	人間性、創造性
心理	満足の追求	感動の共有

（出所）語源を踏まえ筆者作成。

2　学の視点

（1）サービス理論について

　サービス論の研究では、サービスの多義的な意味が注目される。サービスという用語は使われる様々なレベルに分けてその概念を考える必要があると

指摘されるのである。例えば、サービス産業という産業、経済というレベルでサービスという言葉が使用されるだろう。この場合にはモノとの区別において無形の財という概念をサービスの機能や活動に向けて説明することであり、生産と同時に消費される経済原理におけるサービスである。

　企業が提供するトータルオファーとしての商品サービスという捉え方がある。製品をモノと捉え、プロダクトという概念でモノとサービスの両方を含めて考えると、サービス商品という位置付けはモノとサービスの両方を含んだ概念になるとする議論である[2]。

　また、「サービス活動」のようにサービスは経済的な活動、行為としてその受け手に対してベネフィットを提供するものと捉える見方がある[3]。この考えを経済という括りを超えて大学など高等教育の学修の中で捉えると、「サービスラーニング」という学科、学域にも適用することができるだろう。「サービスラーニング」という学修は 1960 年代後半のアメリカで検討が始まり、我が国の大学でも近年「サービスラーニング」の科目を設ける大学が増えている。「サービスラーニング」は、学問的な知見と地域社会の諸課題を結び付け社会活動との接続の中で倫理観・正義感・社会的責任（シティズンシップ）の涵養を目指す学修の領域である。ここではサービスが活動や取り組み、行為というレベルで捉えられ、これを対象としながら学びのディシプリンとして位地付けられている。学者はサービスのこれら多義的な概念の由来をサービスのレベルという角度からの分析を通して考察を深めている。一方、実務社会においてはサービスとホスピタリティの区別以前に、サービス、ホスピタリティそれぞれの概念整理もないままに業界用語として実務を動かしているのが実情ではないだろうか。

（2）サービスとホスピタリティについて

　ホスピタリティとサービスが異質で異なるものであることについて学術研究では明確にされていることは第3章のレビューにも盛り込んだ。大まかな論点を振り返れば、経済的便宜性に係るサービスと行動規範を示す普遍性の概念であるホスピタリティという両者が異なる次元にある点を指摘する考え

（前田 2011）[4]、両者の語源を辿り根本的な違いを明確にした上で、人と人との関係に存在する相互性に根本を置くホスピタリティと客との主従関係にサービスの本質を捉える考え（服部 2013）[5]、サービス研究の潮流を踏まえ、サービスの特性を明確にしながら両者の概念の明確化を示す考え（寺阪・稲葉 2014）[6]等、説明方法はそれぞれ異なるが両者が異質で異なることについては学術研究では見解が一致している。

　このように、ホスピタリティとサービスが異なることについてはホスピタリティ論における学者の見解は一致する一方、サービス概念については専門とする学者の間でもその定義に合意されたものはないとされている[7]。そうだとすると、未整理だとされるサービス概念の議論の下でもホスピタリティとサービスとは異なるという整理が学術の分野ではできるということである。サービスの定義の厳密な一致がされていない事情について近藤（2003）[8]によれば、「1980 年代まではモノとの対比において数多くのサービス固有の特徴が指摘され」この概念整理の下で「ある程度共通する合意が確立しているので、厳密で普遍性を持つ定義を追究することに余り実りがない」という理解が研究者の間で広がったためではないかと説明する。欧米におけるサービス・マーケティングの研究に比し我が国の研究は未だ進んでおらず、この理由にもサービスの厳密な定義の合意がなされていないことが関わっていると説明している。サービスとは経済性の理論によると「生産と消費が同時に行われる」無形の財とされるが、サービス理論研究においては更なる概念整理が必要とされている。

　以上、研究分野の議論を敷衍しながらサービスの概念の明確化については専門家の間でもこれからの研究に委ねられている一方、ホスピタリティがサービスとは異なるものであることはホスピタリティ研究では一致した捉え方である点をリマインドした。問題となるのは、サービスや「おもてなし」、ホスピタリティの概念や違いをあいまいにしたままで、ホスピタリティは上質なサービスであり、心のこもった「おもてなし」というフレーズでなし崩しになることである。

3　産業社会とサービス

　日本標準産業分類でサービス産業の区分が示されている。サービス産業（第三次産業）など様々な産業を分類し全体の経済活動の中でそれぞれの分野の様相を把握する必要性からだろう。この区分は総務省が設定しているが経済環境が様々に変化する現代では刻々と分類・区分自体の変更も試みられる。その一方で国際標準産業分類との違いにも目を向ける必要がある。この分類の中で「L. サービス業」とうジャンルが設けられ、中分類には外国公務まで幅広い分野が設定されている。

　しかし、具体的なサービスの提供に取り組む個々の事業者にとってはこれら一括りにされたサービスという区分は一般的・抽象的に概念化されたものである。それぞれの事業者にとって具体的な対象となっていないサービスは全く別個のものと捉えるのも当然ではある。個々の企業レベルでは業種ごとの個別なサービスに目が向き、業種を貫通するサービス概念への意識は希薄になるのである。しかし、学の視点からはこれら個別のサービスに共通する特性や類似性を往還するサービスの内容や類型でサービスを概念化、分類化することが求められる。このようにして、サービスについても実業の認識と学の視点では異なる世界ができてしまうのである。

　研究とは別に実社会が新たな事象や行為を作りだし、研究がその事象や行為を理論化、体系化するということは社会科学において普通に行われるものである。そうだとしても、これほどに明確な隔たり、乖離が学との間で生じたまま、ホスピタリティやサービス、後述する「おもてなし」が渾然一体となり実社会、特にサービス産業の社会で使用され続けるのはやはり問題である。学の言葉と業界用語ということで「平和共存」させる妥協策も頷けなくはないが、いささか玉虫色的な妥協に過ぎる懸念が残る。更に、この「平和共存」は研究者の側の説得力の弱さの裏返しとも成りかねない。一方、近視眼的な実益提言ではホスピタリティの本質や将来に向けた可能性を歪め禍根を残すことになる。更には、実務社会の側、特に商業の営みにおいてホスピタリティの捉え方に何らかの潜在的な意図があるとすれば、それを読み解く視点も必要かもしれない。例えば、提供する側（多くは産業の側）から提供

される側への主体のシフトをも促すホスピタリティの視点は、提供する側が
先手を打って消費者への上質なサービスとしてコントロールの効くものにし
ておく必要があると考える商業主義である。更なる研究が課題として残され
ている。

　「学術研究が示すホスピタリティ」が実社会にどのような利益をもたらし
意義があるのか、「サービス産業先導型のホスピタリティ」を視程に入れつ
つ本来のホスピタリティを復元し、現代的意義や役割を明らかにすることが
本書の重要なテーマの一つである。ホスピタリティとサービスが異なるもの
であることに続き「おもてなし」との比較や違いの論点が、本来のホスピタ
リティを復元する重要なパーツであり次節のテーマである。

第3節　「おもてなし」とホスピタリティ

1　「おもてなし」とホスピタリティの概念整理

　ホスピタリティと「おもてなし」との関係になるとサービスの場合より更
に混迷は深くなる。ホスピタリティとサービスでは共にラテン語を語源に持
つ外来語であるからその原義や概念を紐解けば実社会においても一応の納得
が得られる。ところがおもてなしとの関係となるとそれぞれの異なる文化的
背景や概念を精査しながら共通する点をかざし、かつその違いの現代的な意
味や意義を示さなければならない。学術研究では両者を同じものとして扱う
ことはないが、文脈や記述では明確な違いに注力が払われていないものもあ
る。「『ホスピタリティ』＝『おもてなし』ではない。まずはこの点をしっか
りと頭に刻みこんでいただきたい」との趣旨を冒頭で述べる文献 [9] や、「接
客に特化して訳すならば、『親切なもてなし』で問題はない」とした上で、
語源や派生語に見られる違いに言及しながら「ホスピタリティは、もてなし
だけを意味する言葉では決してないのである」としてホスピタリティを「お
もてなし」と訳せない理由を説明する研究者の記述もある [10]。この記述では、
両者を同じものと捉えると「ホスピタリティ・マネジメント」の概念（第3
章4節）が説明付かなくなる点を指摘しつつ、共有できる意味も含んでいる

ことに共感も示している（上掲服部―脚注 (10) の 96 頁）。また、本来の意味のホスピタリティと業界用語としてのホスピタリティは平和共存してきたとして両論並立的に整理する学者の指摘 [11] もある（第 3 章第 1 節）。更には、ホスピタリティとおもてなしは類似の概念であるとして、それぞれの特徴や構成要素などを列挙し個々の違いに目を向ける研究もある。長尾・梅室 (2012) [12] では、顧客に良い感情経験を与えるサービスや製品におけるキーワードとしての「おもてなし」に注目する一方で、「おもてなし」の概念や構成要素が明確にされていないとしてホスピタリティとの比較検証をしている。「おもてなし」を構成する要因を、①おもてなしに必須なもの、②おもてなしに望ましいもの、③おもてなしを特徴付けるもの、④おもてなしの特性、⑤おもてなしの結果と 5 つのグループ 55 項目に分類して「おもてなし」を体系化することを試みている。この考察の中では、ホスピタリティの定義を欧米の学者の論文に依拠し、「ホスピタリティは客人の歓待・供応の中でも食べ物や飲み物、ベッド、宿泊室といった物質的、経済的な供応が中心である」と位置付けていることが特徴である。すなわち、ホスピタリティ産業という産業において、「おもてなし」の具体的な態様を類型的に明確にすることを通して、その比較対比の中からホスピタリティを示そうとする試みである。

　一方、新聞紙上でホスピタリティを「おもてなし」と括弧付けで紹介し実社会で広がったことから（第 1 章参照）、実社会ではホスピタリティと「おもてなし」は相互に置き換え可能な類似のものとなっている。ホスピタリティがサービスや「おもてなし」とは異質なものであるとの学術的な研究成果は、サービスの差別化、競争優位を迫られるサービス業界や実務にはなおさら届かない。実社会では、実務に馴染む活用としてホスピタリティは研究成果とは関わりのないこととして取り扱われているのである。ホスピタリティとサービス、おもてなしを同列に扱って何がいけないのか、実務社会にどんな不都合があるのか、異なるものとすることにどのような実際的なメリットが示されているのか、実社会からの無言の問いかけであり学の側の課題である。

2 「おもてなし」と hospitality についての考察

（1）異なる本質

　日本には「おもてなし」という言葉が古くから伝わる。古代の日本社会で
は、漂着した異人を「まれびと」（「まろうど」、「稀人」）として歓待、もてな
すという習俗があったことを、民族学者は古事記や日本書紀の中に見つけて
いる。古代の民間信仰、民間伝承の中に、異国から漂着した「余所者」を「ま
れびと」として受け入れ歓待し、返しに祝福を得るという精神があったとい
う(13)。服部は「〈まれびと〉が神の化身であると考える異人歓待の習慣は、
西洋のホスピタリティ文化と共通した要素をもっている」と指摘する(14)。
確かに、「おもてなし」の原義となる概念と hospitality には異人（現代社会で
は「客人」と呼ぶだろうか）を歓待、厚遇する類似の性格が見られる。しかし、
古代ローマにおける「異人」は敗戦とともに敵対を放棄した「好ましい余所
者」であり、古代日本においては生活圏からは推し量れない「畏怖の余所者」
との突如の遭遇であった。いずれにしても極めて緊張感の伴う受け入れであ
り歓待ではあるが、前者（hospitality）においてはローマ社会の拡大・維持を
目論む行為者の側が提示する受け入れであり、その厚遇によりローマ社会へ
の囲い込み（市民権の付与）と社会基盤の強化（軍事力の分担）を引き換え（互
酬性）にする英知である。一方、日本の「おもてなし」の原義となる概念で
は受け入れる側の能動的な目論見が予め想定されているわけではない。日常
の生活圏に予期せず出現した異人、怪物、霊魂への畏怖の念からもてなすこ
とで見返りに祝福を得るという歓待である。異人、異なる他者を受け入れ歓
待するという寛容な姿勢という見え方（外見）から両者を共通、同質のもの
と捉える議論になりやすい。この相通ずる寛容性の精神の背景には、古代ロ
ーマと日本に共通する多神教という文化も関係しているかもしれない。しか
し、上述したように「厚遇」、「歓待」する外見は共通し同様ではあるが、こ
れを導く原因となる精神や意図は全く異なっている。この視点からは、前掲
服部が「両者は共通した要素を持っている」と説明する部分にも慎重な解釈
が必要となるだろう。異なる他者を寛容な精神で受容することについては

表4-2　原義における「おもてなし」と hospitality の比較

	「おもてなし」	hospitality
発祥	古代日本	古代ローマ　※
原義	異人歓待	厚遇
対象	漂着者（余所者）	他民族（好ましい余所者）
行為	受け入れ、饗応	働きかけ、取り込み
状況	平時、日常生活	紛争、領土の拡大維持
含意	ソフトな歓待	ハードな厚遇

※古代ローマの遠祖であるインド・ヨーロッパ社会に淵源があるとする研究
　が進んでいる
（出所）筆者作成。

　hospitality と「おもてなし」は同じである（「共通した要素を持っている」）が、この両者には重大な違いがあるからである。

　すなわち、定住する同胞社会に予期せず漂着した「まれびと（稀人）」という「余所者」を敵味方という区別をせず（敵味方の意識を超えて）畏敬、畏怖の念から受容する寛容性の「歓待（おもてなし）」と、紛争、敵対という想定の中で目論まれた「好もしい余所者」に対するいわば戦略的な「厚遇」とでは、異なる者を寛容に受け入れるという「見え方」は同じだが、「見えない本質」は全く異なる。hospitality を領土の拡大維持に伴い必要となった行為者側からの被征服者に対する「ハード（戦略的）な厚遇」という表現で喩えるなら、「おもてなし」は日常の生活に予期せず訪れた異人を受け入れる「ソフト（内発的）な歓待」と喩えると分かりやすいかもしれない。ホスピタリティと「おもてなし」の比較考察から導かれるこの視点は、本書においてhospitality の概念を定義付ける際にキーワードとなる「寛容性」と「戦略性」の要素として注目したい。表4-2に「おもてなし」と hospitality について重要となる因子を比較対照した。

（2）hospitality から「日本のホスピタリティ」へ

　「余所者」を寛容性の精神で受け入れ歓待、厚遇するという hospitality と「おもてなし」の両者に内包される精神性を醸成した原因や様相を検証し、この

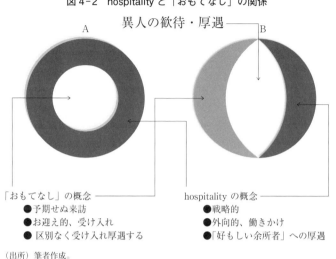

図4-2　hospitality と「おもてなし」の関係

異人の歓待・厚遇

A　　　　　　　　　　B

「おもてなし」の概念
● 予期せぬ来訪
● お迎え的、受け入れ
● 区別なく受け入れ厚遇する

hospitality の概念
● 戦略的
● 外向的、働きかけ
●「好もしい余所者」への厚遇

（出所）筆者作成。

　歓待、厚遇を誘発する本質には決定的な違いがあることを前項で示した。このことからも、hospitality 理論の中で「おもてなし」との比較考察は重要な論点であることが分かる。この本質的な両者の違いを念頭に置き、次章のテーマである「日本のホスピタリティ」の論題の概念整理をするに際し次のような仮説が理論上浮上する。すなわち、一方が他方を含む、より広い概念であると捉える見方（図4-2A）と、双方に重なりがあるが互いに異なるという見方（同図B）である。後者は両者の違いを記述的に表現はしているが、両者が相互に関係し合う様相や影響し合う関係・展開についての洞察の余地が組み込まれない。互いに異なる部分について、hospitality と「おもてなし」が互いに関係する理由や糸口が導けないのである。すなわち、歓待、厚遇という重なりをコアに据え「おもてなし」概念には存在しない（hospitality の）戦略性や外向性の域を外延に捉える形で全体として一つの概念を構成し、その概念の内部で両者が相互に関係し合う（響き合う）ダイナミズムが生まれる様相や展開の糸口が担保されることが重要な意味を持つからである。以上、本章では hospitality と「おもてなし」の関係を図4-2のAに示す考えを仮

説に立て考察に繋げ立論を試みた。これを踏まえ、hospitality と「おもてなし」
との相互の関係性の中でホスピタリティを捉え「日本のホスピタリティ」と
して第5章で論証する。

　第2章でホスピタリティの捉え方を示した際に、「ホスピタリティ」は
hospitality と「おもてなし」を両極としてその間を稼働域とする概念である
点を示唆した。hospitality と「おもてなし」の関係を図4-2のAのように
捉えると、日本で議論されるホスピタリティは、hospitality の日本的変容と
して（第5章でいう「日本のホスピタリティ」）、「おもてなし」に近い意味（図
4-2の内円が外円に近づいた形態○、第2章図2-1では左寄りに移動したホスピ
タリティ）で語られていることが多いと考えられる。以上のようにして、
hospitality は日本に移入されてカタカナ外来語のホスピタリティとなった時
に、「おもてなし」と相互に関係し合い（響き合い）「日本のホスピタリティ」
（hospitality の日本的変容）として受け入れられたのではないかと考えられる。
この点について第5章で考察する。

注

（1）内閣府（2014）「サービス産業の生産性」
（2）プロダクトについて、経営学者のコトラー（Philip Kotler）では「あるニーズを充足
する興味、所有、使用、消費のために、市場に提供されるすべてのものを指す」（F.
コトラー　村田昭治監修『マーケティング原理』、p.434、ダイヤモンド社1993年）
とし、ラブロック（Christopher Lovelock）では「事業の核となるアウトプットであり、
それを消費、使用する顧客に何らかの便益をもたらすもの」（Service Marketing 4th
edition p.9, Prentice Hall 2000）としてモノとサービスの両方を含めている。
（3）C.H. Lovelock & L. Wright (2002), Principles of Service Marketing and Management,
Prentice Hall, p.6.
（4）前田勇（2011）『現代観光とホスピタリティ』、学分社、pp.24-26.
（5）服部勝人（2013）『ホスピタリティ学のすすめ』、丸善出版、pp.69-84.
（6）寺阪今日子・稲葉祐之（2014）「〈ホスピタリティ〉と〈おもてなし〉サービスの比
較研究」、『社会科学ジャーナル』、78、pp.86-96.

（7） C. Cronroos (2000), Service Management and Marketing, J. Wiley, p.46.
（8） 近藤隆雄（2003）「サービス概念の再検討」、経営・情報研究 No.7、p.2.
（9） 徳江順一郎（2012）『ホスピタリティ・マネジメント』、同文舘出版はしがき（1）.
（10） 服部勝人（2011）『ホスピタリティ学のすすめ』、丸善出版、pp.93-96.
（11） 前田勇（2011）『現代観光とホスピタリティ』、学文社、pp.17-30.
（12） 長尾有記・梅室博行（2012）「おもてなしを構成する要因の体系化と評価ツールの開発」、『日本経営工学会論文誌』
（13） 山路顕（2010）「日本から発信するホスピタリティ」、『ていくおふ』、130号、p.28.
（14） 服部勝人（1996）『ホスピタリティ・マネジメント』、丸善ライブラリー、p26.

【参考文献】
徳江順一郎（2012）『ホスピタリティ・マネジメント』、同文舘出版
長尾有記・梅室博行（2012）『日本経営工学会論文誌』
服部勝人（1996）『ホスピタリティ・マネジメント』、丸善ライブラリー
前田勇（2011）『現代観光とホスピタリティ』、学分社
近藤隆雄（2013）『サービスマネジメント入門』、生産性出版
ポール・ムニエ著、藤野邦夫訳（2007）『星の王子さまが教えてくれたこと』、ランダムハウス講談社
西尾久美子（2014）『おもてなしの仕組み―京都花街に学ぶマネジメント』、中央公論新書
山路顕（2010）「日本から発信するホスピタリティ」、『ていくおふ』ANA130号
山路顕編著（2013）『航空とホスピタリティ』、NTT出版
山上徹編著（2001）『おこしやすの観光戦略』、法律文化社
C. Cronroos (2000), Service Management and Marketing, J. Wiley
C.H. Lovelock & L. Wright (2002), Principles of Service Marketing and Management, Prentice Hall

【コラム⑤】

星の王子さま：
「見えない大切なこと」を見るホスピタリティ

"On ne voit bien qu'avec le Coeur. L'essentiel est invisible pour les yeux." 『星の王子様』（サン＝テクジュペリ）の有名な一節である。誰もが子供の頃に読んだことがあるだろう。「ホスピタリティ研究ゼミ」のテキストの一つとして熟読すると、異口同音に子供の頃に読んだ印象と全く違うという。童話の装丁で大人に向けて問いかける哲学書の片鱗が見えるからだろうか。「大切なものは目には見えない」とは、見えなくなった大人への問い掛けだ。

数字・効率至上主義、見える成果が唯一となる社会。ドイツの哲学者、マルティン・ハイデガーは言う、「目に見えるものは見えないもののほんの一部に過ぎず、それは常に過去の記憶にすぎない」（『存在と時間』）と。確かに、我々は見えるものを選んでいるし、光速で網膜に到達するとしても我々が見ているものは既に過去の映像だ。「目に見えない心に目を向け、発せられない言葉に耳を傾ける」、昔はあったように思う日本的な精神は高度経済成長、欧米化のやり繰りの中に置いて来たかもしれない。

サービス産業化社会では、誰にも不公平が無いように定められたマニュアルで均一に対応し、人は自分という「個人」を見てくれない殺伐に心を閉ざす。迅速性と効率、目で見える成果でしか評価しない「客観性」という逃げ口上。ホスピタリティはこのような大人が作った社会の構造に根本から問い掛け、パラダイムの転換を促す視点としてゼミ討議は更に深まっている。

『星の王子様』ではキツネとの対話で登場する"apprivoise"という「絆」を結ぶワードが、ホスピタリティの視点と共鳴する。

『星の王子様』の問い掛け

第5章
「日本のホスピタリティ」
hospitality の日本的変容

第1節　ホスピタリティをめぐる現代的意義

1　業界用語という問題

　「ホスピタリティ」という言葉はサービス産業の現場で多用され、呼応して「ホスピタリティ」を標題にする様々な書籍が書店に溢れている。「上質なサービス」「心のこもったおもてなし」と渾然とし、「ホスピタリティ溢れる人」、「おもてなしの極意」、「極上のサービス」等々、どのフレーズでもキーワードを相互に入れ替が可能なものばかりが目立つ。インターネットによる通販サイト、Amazon.com でホスピタリティをキーワードに検索すると2017年9月時点で339冊の一般書が表示されこの数年間で7倍もの伸びを示す一大市場である[1]。一方で「ホスピタリティ」とは何かについては不透明なまま、「サービス」や「おもてなし」と同義語の扱いを受けている。2020年の東京オリンピック・パラリンピックを通過点にして、この玉虫色の「ホスピタリティ」市場は更なる沸騰を続けるのだろうか。

　「ホスピタリティ」が研究対象として日本の学術界で研究が進んだのは近年のことで、1990年代の始めに「ホスピタリティ」の意味や概念に様々な学問的視点から注目されて以降である。先行研究においては「ホスピタリティ」の概念や定義付けについては基盤となる学問の視点から様々な説明がされるが、「サービス」や「おもてなし」と異なるものである点は学説の一致するところである（第3章）。提供者側（多くの場合、企業）のマニュアルに則り不特定多数に均一に提供される有償性の「サービス」と無償性の「ホス

ピタリティ」として両者の違いを説明する学者（前田 2007）[2]や、「〈ホス
ピタリティ〉＝〈おもてなし〉ではない。まずはこの点をしっかりと頭に刻
み込んでいただきたい」と宣言する学者（德江 2012）[3]など明確に示され
ている。

　以上、学術研究の進展にも拘らずビジネスの現場ではホスピタリティは、
「上質なサービス」であり「心のこもったおもてなし」として実務の中で位
置付けられ、学生達はアルバイトを通じてホスピタリティはサービスや「お
もてなし」として訓練される。サービス業がホスピタリティに注目する背景
について、前章でサービス産業が GDP の大きな柱として国の経済を支える
点について触れた。1960 年代の初めにダニエル・ベルはこれからの社会が『脱
工業社会の到来』（1973 年）[4]としてサービス産業化してゆくことを指摘し
た。産業社会の将来研究を通して、工業からサービス産業にシフトしてゆく
これからの社会構造を 50 年以上も前に「脱工業社会論」として提唱したの
である。今や日本でも GDP に占めるサービス産業のシェアが、2012 年時点
で製造業の 20.6％に対し 71.6％で、1990 年比ではそれぞれ－7.4％、＋13.6
％であり毎年着実に拡大している。就業者数割合でも、サービス産業の割合
が 2012 年時点で 68.8％、1990 年比＋12.8％と伸びている（『サービス産業の
生産性』内閣府　2014 年 4 月 18 日）。まさにこのサービス産業化社会の到来と
呼応して、日本で「ホスピタリティ」への注目が高まったのである。

　産業化する社会が物の消費意欲を促し物が市場に溢れると、物自体の差別
化で顧客を獲得することは難しくなる。物で競争優位を獲得できないサービ
ス産業化社会では、人の関わりによる競争優位に目が向けられる。特に、飲
食業、旅館、医療など狭義の「サービス業」では「サービス」という少し恩
着せがましい言葉より、人の温かみが伝わる「おもてなし」を現代的に表現
するホスピタリティという「用語」がぴったりくるのである。こうして、ホ
スピタリティをサービス業に必要な接遇スキル訓練に活用するビジネスが出
現、「おもてなし・接遇講座」市場が形成され、「おもてなし・ホスピタリテ
ィ本」が書店を飾り、接客・接遇競争を加速する循環を生み出したと考えら
れる。商業の最前線では、ホスピタリティは「上質なサービス」であり、「心

からのおもてなし」が和訳として広い年齢層に便利な言葉となる。学者の唱えるホスピタリティとサービスの違い、「おもてなし」との関係は「業界用語」の括りでは「同じもの」である必要があるのである。そこで、ホスピタリティはサービス産業の前線で商業の道具として熱い視線を受けたのである。

　そうであれば、いずれ「業界用語」としての効果にも賞味期限がやってくる。すなわち、ホスピタリティが広くマーケットに蔓延し、商品の差別化としての効き目が薄らぐ時、商業的にはホスピタリティの賞味期限も切れることになるだろう。ホスピタリティを「業界用語」とした場合の問題は、商業上の「賞味期限」の問題に留まらない。より本質的な問題は、ホスピタリティをサービス前線の実務用語と位置付けることでホスピタリティの視点や概念を教育や国際社会、多文化共生社会、更には企業のマネジメントに向ける発案や洞察の機会を逸することである。ホスピタリティを業界に便利な実務用語に留めず社会全体として、本質に目を向け現代的意義や現代社会との関わりに関心を持つことが大切である由縁である。

　前掲前田ではホスピタリティの誤用、混乱について、「行動規範としてのホスピタリティと、業界用語としてのホスピタリティは"平和共存"してきた」として業界用語との共存にも理解を向ける[5]。しかし、業界用語との平和共存ではホスピタリティの誤謬までもが併存する可能性が拭えない点は留意する必要がある。本書では本来のホスピタリティと「業界用語」とを「平和共存」として実際的な意義を整理するのではなく、hospitality と「おもてなし」が相互に関係し合い（響き合い）新たな「日本のホスピタリティ」という概念を形成する点を明確にする中で、現代社会における意義を体系化することを試みる。すなわち、日本で語られるホスピタリティは「おもてなし」と hospitality の両概念の間に変動域を持ち、双方の濃淡を反映させながら「おもてなし」に近いホスピタリティから hospitality に近い位置にあるものまでを包含する概念として立論し、その中に実社会における現代的意義が包摂されることを示す。

2　ホスピタリティをめぐる現代的意義への視点

（1）ホスピタリティの台頭

　時代の時々には、社会の要請を受けて世界に大きな影響を及ぼす言葉が登場する。経済学の Contestability という用語は、社会が要請する規制緩和の波を裏付ける「競合可能性の理論」として 1970 年代のアメリカを発信基地として世界に広がり、1980 年代の日本の産業の規制緩和を動かした。1980 年代には、地球環境を保護し持続可能な開発を促す Sustainability という言葉が時代の要請となった。

　それでは、hospitality という言葉はどうか。第 1 章で見たように、日本ではホスピタリティという言葉がマスコミによって「おもてなし」を訳語にして紹介されたのが 1980 年代の半ばである。その後、モノ（貿易）からヒト（観光）へ日本の成長戦略がシフトするのと平仄を合わせるようにして日本で広まった（第 1 章第 4 節）。日本ではインバウンドツーリズムの推進と歩調を合わせてホスピタリティへの関心が高まったと学者は指摘する[6]。身近では「お・も・て・な・し」が 2013 年の流行語大賞としてホスピタリティという言葉と一体化を深めたのは記憶に新しい。前項で見たように、この四半世紀の間にホスピタリティ（hospitality）というワードが日本で急速に広まったが、hospitality という言葉が世界の中で注目され台頭してきたわけではない。hospitality と言う言葉は西欧社会では長い歴史を持ち社会に浸みこんだ言葉であり、研究の分野でさえ当たり前となった概念であるということから直接の研究テーマにされてこなかったことも指摘されている[7]。

　では何故、日本でホスピタリティという言葉が必要となり広まることになったのか。これまでの論点から以下の 3 点を満たしたことが主な理由に挙げることができるだろう。すなわち、

　　　①国の経済の基盤にまで成長したサービス産業の要請、かつ、

　　　②モノ（貿易）からヒト（観光）への成長戦略のシフト、かつ、

　　　③日本に「おもてなし」の文化があったこと、

という点である。いずれも「ヒト」がキーワードになり、日本に固有の「お

もてなし」の文化が介在していることが分かる。日本におけるホスピタリティの台頭という現象について第1章では外来語の視点、社会的背景の観点から分析したのでこの点も併せて参考にしてほしい。

　本項ではカタカナのホスピタリティと hospitality というワードを微妙に使い分けた。第4章では、hospitality と「おもてなし」が相互に関係し合う（響き合う）ことで新たな「日本のホスピタリティ」を形成しているのではないかとの仮説を立て本章でこれを検証する。この仮説の考察では、hospitality とホスピタリティの間には「おもてなし」概念が介在することで両者に重要な違いがあることを検証する。更にはこの仮説からの立論を踏まえ、第8章では hospitality とも異なる日本独自の視点を内包した「日本のホスピタリティ」（hospitality の日本的変容）を世界に発信する意義を考える。ホスピタリティをめぐる現代的意義への視点として、次項では hospitality の概念整理をしておこう。

（2）ホスピタリティ理論における hospitality 概念の整理

　hospitality とは、「（自分に危害を加えない）好もしい余所者（よそもの）」を意味するラテン語の hostis, それを歓待する主体である hospes を語源とする言葉である[8]。第2章、第3章では hospitality の原義を、語源を辿りその言葉を必要とした時代の要請にも目を向け検証し明らかにした。更に、第4章では「おもてなし」の概念、定義付けをし hospitality との関係性について言及した。hospitality がカタカナ外来語として日本に移入された際に、メディアは「おもてなし」を括弧書きにして紹介した。そこで日本古来の「おもてなし」文化の意識が、目新しい外来語の刺激を受け再び日本人の心に呼び覚まされたと考えるのもあながち乱暴な推論ではないだろう。比喩的に表現すれば、hospitality は「おもてなし」文化に迎えられ、逆に「おもてなし」意識を呼び覚ましながら日本で広まったのではないかと言えるだろうか。

　本章の目的は、第4章の仮説提起を受けカタカナ外来語として我々が言葉にし、また耳にするホスピタリティは、「おもてなし」と hospitality が相互に関係し合う（共鳴し合う）形で新たに形成され hospitality が日本的に変容

した「日本のホスピタリティ」なのではないか検証することである。すなわち、この hospitality の日本的変容とでもいうべき「日本のホスピタリティ」をテーマに本章で考察する。

古代ローマでは、戦闘で勝利した異民族である人質を領土内に住まわせ、ローマ人に匹敵する市民権を与え「好ましい余所者」として厚遇し、ローマ帝国の構成員とし、1000 年以上続く巨大多民族国家を形成した。hospitality とは、繰り返される紛争による領土の拡大、巨大多民族国家の持続的な発展を支えてゆく上で必要とされた戦略的な寛容性の精神、考え方を現した言葉であった。このことは同時に、hospitality とは、危害を加える可能性のある「好ましくない余所者」を意識することでもある。hospitality の語源である hostis は「敵対」を意味する hostility の語源でもある。すなわち、hospitality とは「厚遇」という「正」と「敵対」という「負」を表裏一体にし、社会を維持、発展させるための戦略性に富んだ寛容性の精神であり英知に支えられた概念なのである。

hospitality の語意を既述の語源に求めながらも、その本質的な意味の分析にこの二面的な要素を捉える研究は少ない。服部や山本は、「ホスピタリティ」の本来の意味をラテン語の原義に求めホスピタリティ理論の体系化に貢献したが、マネジメント分野での取り込みを深める服部でも[9]、戦略的提携やグローバルビジネスに関連して hospitality のこの二面性に着眼して論を深めることはしていない。山本では hospitality の哲学的、社会学的追究を深めることから、「おもてなし」との関係性については必ずしも深く検証するわけではない[10]。hospitality のこの二面的な要素（戦略的厚遇と敵対性）は、本章で考察する「おもてなし」との相互に関係し合うダイナミズムにおいて重要な意味を持つので触れた。また、ホスピタリティ理論についてはホスピタリティの主体者である「人間」という視点から理論整理を行った第 3 章を参照願いたい。

第 2 節　hospitality の日本的変容と「日本のホスピタリティ」

1　hospitality と「おもてなし」の相互関係

　日本には「おもてなし」という言葉が古くから伝わる。古代の日本社会では、漂着した異人を「まれびと」(「まろうど」) として歓待、もてなすという習俗があったことを、民族学者は古事記や日本書紀の中に見つけている。古代の民間信仰、民間伝承の中に、異国から漂着した「余所者」を歓待し、返しに祝福を得るという精神があったという [11]。これを図示すれば図 5-1 のように理解することができるだろう。この「おもてなし」の習俗は茶道や能など日本の伝統文化の中に引き継がれている [12]。服部では「〈まれびと〉が神の化身であると考える異人歓待の習慣は、西洋のホスピタリティ文化と共通した要素をもっている」 [13] とする点は既に指摘した。確かに、「おもてなし」と hospitality には共に異人を歓待、厚遇する類似の性格が見られる。

図 5-1　日本における異人歓待の風習

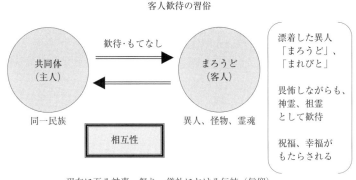

日本の原始社会における
客人歓待の習俗

歓待・もてなし

共同体
(主人)

まろうど
(客人)

同一民族

異人、怪物、霊魂

相互性

漂着した異人
「まろうど」、
「まれびと」

畏怖しながらも、
神霊、祖霊
として歓待

祝福、幸福が
もたらされる

現在に至る神事、祭り、儀礼における伝統 (信仰)
　⇒　お迎えし、もてなし、お送りする

(出所) 筆者作成。

　この寛容な姿勢を可能にした両者に「相通ずる要素」に、古代ローマと日本の多神教的な寛容性の精神を指摘することができるかもしれない。古代ロ

ーマには 30 万の神々が棲み、日本は「やおよろず（八百万）の神の国」で
あった ⁽¹⁴⁾。一神教と多神教の違いは、信ずる神の数にあるわけではない。
他者の神をも認めるか否かにある。すなわち、他者の神を認めるということ
は、自分とは異なる余所者やその文化をも許容するという寛容性の精神を意
味するのである。hospitality の精神が後に宗教の中に引き継がれてゆくこと
については、日本人の無宗教観とでも言う点に着目し第 2 章第 2 節で触れた
のでこの点も参考にしてほしい。

　他方、hospitality と「おもてなし」には重大な違いがある。定住、同胞社
会に予期せず漂着した「まれびと」という「余所者」を敵味方の区別なく迎
えた寛容性の「歓待（おもてなし）」と、紛争、敵対する社会の営みの中で必
要となった「好もしい余所者」に対する「厚遇」とでは、異なる他者への寛
容性という見え方（外見）は同じだが見えない本質は全く異なる。前節で触
れた hospitality に内在する敵対性の因子について思い起こしていただきたい。
hospitality が領土の拡大と紛争を背景に必要とした「ハード（戦略的）な厚遇」
に喩えるとすれば、「おもてなし」は日常や平時を背景とする「ソフト（内
発的）な歓待」に喩えて説明できる点を第 4 章で述べた。この論点は、ホス
ピタリティ理論を多角的な視座に立って展開する上で新たな探求の糸口とし
て注目できるのではないかと考える。すなわち、「余所者」を受け入れ歓待、
厚遇するという類似の精神性を醸成した異なる社会の営みや背景の検証は、
両概念の異質性と相互の関係性を明確にすると共にホスピタリティ理論の更
なる深化に役立つのではないかと考えるのである。

2　hospitality の日本的変容の構図

　hospitality と「おもてなし」の関係については二つの見方を理論上の仮説
に立て第 4 章で検討した。一方が他方を含む、より広い概念であると捉える
見方と、双方に重なりがあるが互いに異なるという見方である。その行為目
的の違いから生じる精神性に広狭があると見る前者の見方を仮説に立て、「含
み、含まれる」関係の広狭度合いが hospitality と「おもてなし」の間の稼働
域の中で変動することを立論、検証する準備とした（図 5-2 を参照）。後者

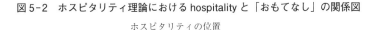

図5-2　ホスピタリティ理論における hospitality と「おもてなし」の関係図

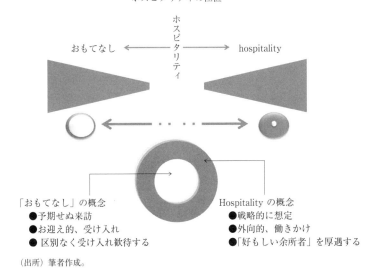

（出所）筆者作成。

　の見方では、双方が共通する重なりと異なる部分という並列的な捉え方に視点が固定され、両者の異質性が相互に刺激となり展開する新たな関係の醸成という洞察への糸口がともすると薄らいでしまうからである。

　まず、図5-2の構造について簡単に説明を加えてみたい。図の同心円は、内円に「おもてなし」と hospitality で共通する他者への歓待・厚遇を表し、hospitality が内包する戦略性、外向性の視点を外延（外円）に位置付けている。「日本のホスピタリティ」は hospitality（図の右端）と「おもてなし」（図の左端）の両極を稼働域の幅として位置付けられる概念で、対象となる事象により戦略性、外向性の外円が狭まり（図の左側方向）、あるいは広くなる（図の右側方向）概念であることを表している。以上のイメージ図を次項では先行研究を敷衍し関係付けながら考察し「日本のホスピタリティ」の立論、体系化を試みる。

　「余所者」を寛容性の精神で受け入れ歓待、厚遇するという両者に共通す

る部分を、「ハードな厚遇」と「ソフトな歓待」という喩えで性格付けた。その上で、これら「厚遇、歓待」の精神を重ね内円のコアに位置付け、多民族国家の維持に必要な他民族への戦略的な働きかけである「ハードな厚遇」の "外向性"、"戦略性" の性格（要素）を、コアの外延（外円）に接続することで、全体として発信性（外向性）への共鳴を内包する概念としてホスピタリティ理論の中で体系化する試みである。

　「おもてなし」の "お迎え性" という日本の精神性をコアに置きつつ西欧に源を発する hospitality の戦略的外向性と相互に関係（共鳴）し合う形で形成される概念である。日本で語られるホスピタリティは日本的なコアと西欧的な刺激が関係し合ったものと考えるのである。日本に受け入れられた hospitality には文化・風土必然的に日本の「おもてなし」精神が重なっただろう。この点を理論、体系化することにも通じる。この「おもてなし」の精神をコアに据えた hospitality を「日本のホスピタリティ」（hospitality の日本的変容）としてホスピタリティ論に体系化する試みである。日本の地で「おもてなし」の西欧化を立論するわけではないのは言うまでもない。

3　「日本のホスピタリティ」の体系

　前項までに、「業界用語」としてのホスピタリティと学術研究との不整合について論究し、ホスピタリティ理論の中で特に整理の進んでいない「おもてなし」とホスピタリティ／hospitality の関係に焦点を当て理論付けを試みた。ここから導く立論は、日本でホスピタリティといわれているものは、実は hospitality と「おもてなし」が相互に関係し合い形成された hospitality の日本的変容としての「日本のホスピタリティ」ではないかということであった。本項では先行研究を踏まえて図5-2にイメージとして示した立論図を図5-3に示し実証する。これにより、実務社会においても系統だった取り組みが可能になると考える。すなわち、原義の hospitality に近いホスピタリティで取り組む試み（第6章の戦略的マネジメントの事例）、「おもてなし」に近いホスピタリティとして展開する試み（第8章のインバウンドツーリズムの事例）などの形でホスピタリティ概念の社会的意義を明確にし、更なる汎用

図5-3　「日本のホスピタリティ」の概念構図

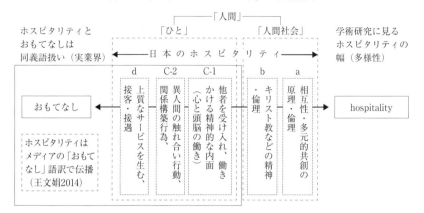

(出所) 図に掲記する先行研究等を踏まえ筆者作成。

a： 服部勝人 (1995)「多元的共創とホスピタリティ・マネジメント」、『HOSPITALITY』(日本ホスピタリティ・マネジメント学会誌)、第2号、pp.26-32.
山路顕 (2015)「Airline Global Alliance のマネジメントについての一考察」、『HOSPITALITY』、第25号、p.43.
b： 大津ゆり (2005)「キリスト教におけるホスピタリティ精神」、『埼玉女子短期大学研究紀要』、第16号、pp.151-153.
c-1：吉原敬典 (2004)「ホスピタリティ・マネジメントの枠組みに関する研究 (I)」、『HOSPITALITY』、第11号、pp.150-153.
c-2：古閑博美 (1994)「秘書の行動におけるホスピタリティ・マインドの重要性」、『嘉悦女子短期大学論集』、第66号、p.18.
c： 佐々木茂・徳江順一郎 (2009)「ホスピタリティ研究の潮流と今後の課題」、『産業研究』、44巻第2号、pp.4-5.
d： 野村佳子 (2010)「サービス品質とホスピタリティのメカニズム」、『国際広報メディア・観光ジャーナル』、No10、pp.82-84.

性の方途が拡がるだろう。

　図5-3は図5-2のイメージ図に示す「日本のホスピタリティ」の概念を論理的、実証的に hospitality と「おもてなし」の間に位置付け、その稼働域をaからdで示す先行研究によって論証するものである。ホスピタリティの定義、概念付けについては様々な学問的視点を通して多義的に説明される点について第3章で先行研究をレビューした。これら先行研究を hospitality の原義と「おもてなし」の概念の遠近で表したのが図5-3のaからdである。aの立場を取る研究に服部 (1995) [15]、山路 (2015) [16] を挙げることができ

る。bの研究には大津（2005）[17]があり、c‐1、c‐2にはそれぞれ吉原（2004）[18]、古閑（1994）[19]の研究が該当するだろう。また、吉原、古閑がそれぞれ定義に掲げる「人間の精神的な内面」、「行動、行為」の両面に言及する研究には佐々木・德江（2009）[20]を挙げることができる（便宜的にカテゴリーcとする）。更に、「おもてなし」に近い概念でホスピタリティを位置付ける研究には野村（2010）[21]を挙げることができるだろう（dの領域）。

　以上のように、我々がホスピタリティとしているものは図5‐3に示す上述幅を持った概念でありこの幅はhospitalityと、「おもてなし」という日本古来の精神がお互いに影響し合い形成された「日本のホスピタリティ」として先行研究を踏まえ論証することができる。「日本のホスピタリティ」をこのような幅を稼働域とする概念として捉えることで、グローバルビジネスの展開（例えば第6章の事例）やグローバル人材の育成教育（例えば第7章の事例）、訪日観光を通した国際相互理解の推進やグローバル化世界への新たな価値観（パラダイム）の提示（例えば第8章の事例）などこれからの社会に関わり大きな意義や働きを示するだろう。サービス産業の「業界用語」に閉ざす風潮には問題なしとしない由縁である。

第3節　「日本のホスピタリティ」の特徴と視点

1　主体者である「人間」から見る特徴

　本項ではhospitalityの主体者である人間という視点から「日本のホスピタリティ」の特徴について述べる。ホスピタリティの主体者である人間の観点については第2章第3節で詳論した。論点は、「人間」を個である「ひと」と捉える場合と集合としての「人間社会」として捉える場合でホスピタリティの視点が異なるということであった。すなわち、ホスピタリティの主体を「ひと」として捉える場合にはホスピタリティの視点は「感動、喜び、察し」という人間の内面に向けられ、ホスピタリティの主体を「人間社会」とする場合には「多元的共創の原理や社会の理念」という人間社会の規範が対象となる点であった。

図5-4 日本のホスピタリティ」の主体からみる概念図

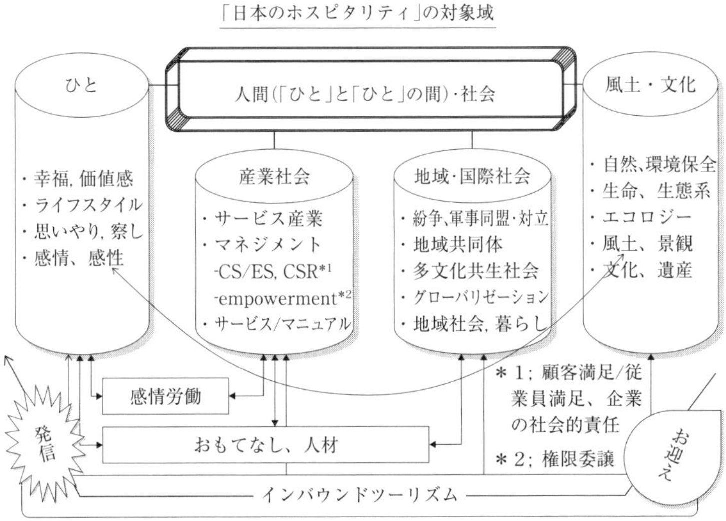

(出所)筆者作成。

　以上の関係を構図に示すと図5-4のように表すことができる。第2章で同様の図を示したが、図5-4では日本人の人間観を意識に置き、第8章で触れる「日本のホスピタリティ」の発信ということも念頭に図示した。ホスピタリティには、「ひと」という「個」としての人間の内面にある「察し」や「気づき」、「感情」が関わる。また、「ひと」と「ひと」との間で形成される人間社会 (22) という対象では、産業社会や地域・国際社会というテーマがある。産業社会ではマネジメントが対象となると同時に、もてなしや感情労働などの行為が対象となってくるだろう。また、人材育成や教育という人間社会に関わる課題は産業社会にも地域・国際社会にも関わってくる。更には、人間の営みの現れである景観や生命の源である地球環境への関わりもホスピタリティの対象となり、インバウンドツーリズムが外客（異なる他者）を迎え、これら他者を通して日本を発信する形で（第8章）様々に関わっていることを図に示している。

　一方、hospitality 発祥のヨーロッパ人（インド・ヨーロッパ語族）の人間観（人

間存在の認識の仕方）は以上のものとは大きく異なる（第2章第3節、第3章第2節参照）。すなわち、頼れるものは自己1人であり、だからこそ他者との共存の知恵が必要となる人間観である。近代西洋の合理主義を拓いたデカルトの「我思う、故に我あり」なのであり、周りの事物との関わりで自分が存在するのではないのである。ここに、「日本のホスピタリティ」の主体者から見る特徴を捉えることができる。

2 高コンテクスト社会から見る特徴

「日本のホスピタリティ」の文化的視点では、文化人類学の高コンテクスト（High Context）、低コンテクスト（Low Context）の理論（エドワード・T・ホール）[23] を参考に、社会心理学の観点から思考における"分類性"と"関係性"を比較検証したリチャード・ニスベットの研究（"The Geography of Thought" 2003）[24] に着目する。ニスベットは、"関係性"で物事を捉える東洋的思考は、話者の意図に耳を傾ける「良き受信機」（"receiver" orientation）

図5-5 High Context Culture と Low Context Culture の視点

High Context & Low Context

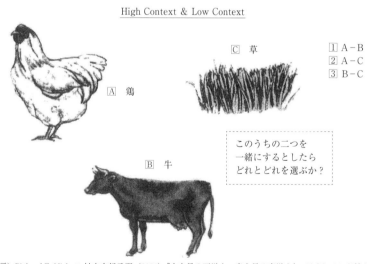

（出所）Richard E. Nisbett. 村本由紀子訳（2004）『木を見る西洋人 森を見る東洋人』，ダイヤモンド社より。

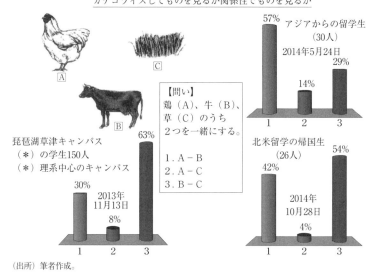

図5-6　北米留学生に見られる西欧的思考への傾向
カテゴライズしてものを見るか関係性でものを見るか

（出所）筆者作成。

を育み、自分の考えを明確に伝える「良き発信機」（"transmitter" orientation）を重んじる西洋人の"分類性"の思考と対比している⁽²⁵⁾。これによると、図5-5に示す選択では東洋人の9割近くが③（B-C）を選び、西洋人の8割以上が①（A-B）を選ぶことを実験で示している。東洋人は「牛は草を食べる」という「関係性」で二つを結び付け、西洋人は「牛と鶏は哺乳類」というように物事を「分類性」で見る傾向があるとしているのである。このものの見方がホスピタリティにどのような影響を与えるだろうか。

　hospitality は西欧で誕生した概念だから、この問いに対しては敵味方をカテゴライズ（分類）してものを見る目に繋がっているというごく当たり前の答えに目が向く。では、日本人の場合はどうか。hospitality をホスピタリティとカタカナに置き換えているが、物を見る目は High Context 文化の成り立ちから恐らく関係性で物事を捉えているだろう。自分の側（発信機）で練った戦略に沿って敵味方を分類して「好もしい余所者（危害を与えない余所者）」を厚遇するという考えとはやはり大きな距離がある。これらのものの

見方にも「日本のホスピタリティ」という独自の精神性の由縁を見つけることができるのではないか。

　ちなみに学生を対象に上記の西洋人と東洋人のものの見方に関する問いをした結果が図5-6である[26]。理系の多いキャンパスの結果やアジアからの留学生の回答も興味深いが、更に興味深いのは北米に留学した文社系の学生の選択が西欧人の思考に近づいていることである。北米に留学することによって、思考が西欧的な分類思考にシフトしていると考えられることである（西欧思考を好む学生が北米に留学しているという理由もあるかもしれない）。

3　「良き受信機」という文化から見る特徴

　国文学者の岡部政裕が『余意と余情』の中で、「言葉による表現とは、表現されないものがまずあって、その全体のほんの一部」が表現されたもので、「従って、表現されたものを通して、表現されないものまで理解することが要求されるのである」[27]と、日本人の「良き受信機」を育んだ表現世界を説明する。

　グローバル化社会では、より発信性を強め、能動的に自己主張することが求められるように説明されることが多い。一方、話者の声に耳を傾け、表現されないものまで理解しようとし受信に必要な鋭敏な感受性が求められる「おもてなし」は、発信主義的な欧米の物差しでは測定できない、積極的に他者に耳を傾ける「別の能動性」とも言える。良き受信機としての思考からは、自己主張する前に相手が何を望んでいるのかにまず耳を傾けるという姿勢に繋がっているのである。リチャードE.ニスベットは「気持ちや社会関係に焦点を当てるアジアの母親の子育ては、子供が他者の気持ちを読む力を身に着けることを育む」[28]として子育てや育ちの点にも注目する。

　航空機内での"Tea or Coffee?"の返答を求めることや、言われたことだけに対応することが能動的と言えるのかどうかは能動性の尺度自体の問題でもある。状況から空気を読み、"何か飲み物でも？"と汗を拭う旅客にアプローチできる日本やアジアの航空会社の応対が世界の5つ星航空会社トップ4社にランクされている[29]。西欧人も含むアンケート結果だから、西欧人

にとっても言わなくても察してくれる気持ちには好評価をしていることにな
る。訪日外国人の満足度調査では90％前後が「満足」と答え88％が再来を
肯定するという⁽³⁰⁾。これらの事象は、「おもてなし」との関係性の中で形成
された「日本のホスピタリティ」の視点で捉えると新たに世界発信する価値
観の糸口とでもいうヒントが見えてくるのではないだろうか。

　hospitality の原義は、帝国の拡大維持に必要となる敵味方を区別する行為
者側の "戦略性"、"外向性" の「厚遇」に支えられている。これに対し、「お
もてなし」は予期せぬ外部からの漂着者に対する敵味方を区別しない受け入
れ者側の「歓待」という "内発性"、"お迎え性" のものである。この「おも
てなし」の精神をコアに据え hospitality の外向的な精神と相互に関係し合い
醸成された「日本のホスピタリティ」を欧米的グローバル化世界に発信（輸
出）してゆくことはホスピタリティの重要な現代的意義の一つと言えるので
はないだろうか。第8章では、「日本のホスピタリティ」の国際社会への実
際的な発信を掌るインバンドツーリズムの事例を考察する。

第4節　まとめ：ホスピタリティの誤謬と変容

　ホスピタリティは学術研究の対象である一方、実務社会で業界用語として
伝播している。それぞれの視点から異なる使用がされることはホスピタリテ
ィというワードに限らない。しかし、その違いが本質に関わり誤謬とされる
使用との共存はいかに寛容性を旨とする言葉としても放置できない。ホスピ
タリティが提起する異なる他者に対する寛容性の精神は、グローバル化が必
然的に惹起する多文化共生社会では最も大切な人間の姿勢を示すものである。
　サービス業での笑顔の作り方やお辞儀の仕方に特化してホスピタリティを
狭く捉えてしまうのは様々な可能性を失うことでもある。本書は、多民族共
生における異人歓待にルーツを持つ hospitality が、予期せず漂着する「まれ
びと」を敵味方の区別をせず迎い入れ歓待する「おもてなし」の精神と相互
に関係し合い醸成された「日本のホスピタリティ」（hospitality の日本的変容）
という概念をホスピタリティ理論の中に体系化する概論書である。

この「日本のホスピタリティ」はグローバル化社会を牽引する新たなパラダイムとして更なる研究を通して、ビジネスシーンにおいても戦略性と発信性を持つこれからの貴重な経営資源となるだろう。第Ⅱ部ではこれまでのホスピタリティ理論を踏まえて、産業社会への関わりや人間社会の要となる人材育成のディシプリンとして、更にはグローバル化社会における多文化共生社会の新たなパラダイムとして、現代社会との具体的な関わり方について考察する。hospitality と「おもてなし」の両極の間を稼働域として両者の濃淡を反映し成立する「日本のホスピタリティ」の実際的な適用と意義について第Ⅰ部の理論を踏まえ第Ⅱ部で検証する。

注

（1）佐々木茂・德江順一郎（2009）「ホスピタリティ研究の潮流と今後の課題」、『産業研究』第44巻第2号、p.1 によると、2009年1月時点で48冊がヒットしたとされている。
（2）前田勇（2007）『現代観光とホスピタリティ』、学分社、p.25 著者は「サービスをホスピタリティに置き換えることは不適当であるだけでなく、明らかな誤りなのである」とし、有償行為のサービスに無償性の行動規範を当てはめることの間違いを指摘する。
（3）德江純一郎（2012）『ホスピタリティ・マネジメント』、同文舘出版、はしがき（1）.
（4）ダニエル・ベル著、内田忠夫他訳（1973）『脱工業社会の到来』、ダイヤモンド社
（5）前田勇（2007）『現代観光とホスピタリティ』、学分社、はしがき i、pp.24-30.
（6）王文娟（2014）「ホスピタリティ概念の受容と変容」、『広島大学マネジメント研究』15、p.52.
（7）佐々木茂・德江順一郎（2009）「ホスピタリティ研究の潮流と今後の課題」、『産業研究』第44巻第2号、p.5.
　　近藤隆雄（2013）『サービス・マネジメント入門』、生産性出版、p.182.
　　王文娟（2014）「ホスピタリティ概念の受容と変容」、『広島大学マネジメント研究』、p.56.
（8）服部勝人（1996）『ホスピタリティ・マネジメント』、丸善ライブラリー、pp.15-20.
（9）服部勝人（2006）『ホスピタリティ・マネジメント学原論』、丸善出版

(10) 山本哲士（2008）『ホスピタリティ原論』、文化科学高等研究院出版局、で哲学と経済の新設計を示す。

(11) 山路顕（2010）「日本から発信するホスピタリティ」、『ていくおふ』、ANA 出版、130 号、p.28.

(12) 謡曲（能）の一節に「おもてなしに語って聞かせ申し候べし」として、ご馳走・饗応が語られ、「平家物語」の中に「御前へ召されまいらせて、お引き出物をたまはつておもてなしされ給ひしありさま」として、歓待する、ご馳走するという表現がされている。

(13) 服部勝人（1996）『ホスピタリティ・マネジメント』、丸善ライブラリー、p.26.

(14) 山路顕・中嶋真美（2010）「ホスピタリティについての一考察」、『論叢』玉川大学文学部紀要、第 50 号、p.159.

(15) 服部勝人（1995）「多元的共創とホスピタリティ・マネジメント」、日本ホスピタリティ・マネジメント学会誌（『HOSPITALITY』）、第 2 号、pp.26-32.

(16) 山路顕（2015）「Airline Global Alliance のマネジメントについての一考察」、『HOSPITALITY』、第 25 号、p.43.

(17) 大津ゆり（2005）「キリスト教におけるホスピタリティ精神」、『埼玉女子短期大学紀要』、第 16 号、pp.151-153.

(18) 吉原敬典（2004）「ホスピタリティ・マネジメントの枠組み関する研究（I）」、『HOSPITALITY』、第 11 号、pp.150-153.

(19) 古閑博美（1994）「秘書の行動におけるホスピタリティ・マインドの重要性」、『嘉悦女子短期大学論集』、第 66 号、p.18.

(20) 佐々木茂・徳江順一郎（2009）「ホスピタリティ研究の潮流と今後の課題」、『産業研究』、44 巻第 2 号、pp.4-5.

(21) 野村佳子（2010）「サービス品質とホスピタリティのメカニズム」、『国際広報メディア・観光ジャーナル』、No10、pp.82-84.

(22) 和辻哲郎（1979）『風土』、岩波書店、pp.18-28.

(23) Edward T. Hall, 岩田慶治・谷泰訳（1976）『文化を超えて（Beyond culture)』、TBS ブリタニカ

(24) Richard E. Nisbett "The Geography of Thought" (2003), Simon & Schuster Inc.,

(25) ニスベット（2004）『木を見る西洋人　森を見る東洋人』、ダイヤモンド社、pp.71-76.

(26) 勤務校である立命館大学でのアンケート調査。2013 年 11 月 3 日（琵琶湖草津キャンパスの 150 人を対象）、2014 年 5 月 24 日（アジアからの留学生 30 人を対象）、2014 年 10 月 28 日（北米留学の日本人学生 26 人を対象）にそれぞれ実施。

(27) 岡部政裕（1971）『余意と余情』、塙新書、pp.7-8.

（28）リチャード・E・ニスベット、村本由紀子訳（2010）『木を見る西洋人　森を見る東洋人』、ダイヤモンド社、pp.73-75 では、「西洋人は子どもに、自分の考えを明確に伝える『発信機』であれと教える。話し手には、聴き手が明確に理解できる言葉を発する責任がある」とし「アジア人は子どもに、よい『受信機』であれと教える。つまり聴き手の側が、話の内容を理解する責任を負うのである」と説明する。

（29）ANA NEWS 第 13-174 号（2014 年 3 月 17 日）によると、トップ 4 社は ANA、シンガポール航空、キャセイ・パシフィック航空、カタール航空とアジア評価が高い。

（30）観光庁『訪日外国人の消費動向』（平成 22 年年次報告）

【参考文献】

荒木博之（1995）『やまとことばの人類学』、朝日新聞社

岡倉天心（1986）『東洋の理想』、講談社学術文庫

岡部政裕（1971）『余意と余情』、塙新書

唐木順三（1993）『日本人の心の歴史（上）（下）』、筑摩書房

K・S・シタラム著、御堂岡潔訳（1985）『異文化コミュニケーション』、東京創元社

武田哲夫（2013）『「おもてなし」文化は世界遺産』、産業能率大学出版部

ダニエル・ベル著、内田忠夫他訳（1973）『脱工業社会の到来』、ダイヤモンド社

鶴見和子（1996）『内発的発展論の展開』、筑摩書房

西尾久美子（2014）『おもてなしの仕組み―京都花街に学ぶマネジメント』、中央公論新社

服部勝人（2006）『ホスピタリティ・マネジメント学原論』、丸善出版

前田耕作監修（1986）『インド＝ヨーロッパ諸制度語彙集 I 』（エミール・バンヴェスト）、言叢社

マジョリー・F・ヴォーカス著、石丸正訳（2006）『非言語コミュニケーション』、新潮社

マルコム・トンプソン（2007）『日本が教えてくれるホスピタリティの神髄』、祥伝社

山路顕（2010）「日本から発信するホスピタリティ」、『ていくおふ』ANA130 号

山本哲士（2008）『ホスピタリティ原論』、文化科学高等研究院出版局

和辻哲郎（1985）『人間の学としての倫理学』、岩波全書

Edward T. Hall (1976), Beyond culture、Anchor Books, Random House

Richard E. Nisbett "The Geography of Thought" (2003), Simon & Schuster Inc.

【コラム⑥】

東洋人と西洋人：High Context 社会とホスピタリティ

　下の絵は Richard E. Nisbett が "The Geography of Thought"（2003 Simon & Schuster Inc.）の中で示す欧米人と東洋人の思考の違いを検証するサンプルの一つである。「ターゲットの花はどちらのグループにより近い？」と尋ねる質問に、東洋人の大半が G1 を選び欧米人は G2 を選ぶ。G1 の家族的類似性に対し、G2 は茎がまっすぐだとする規則性に視点が向けられるのである。関係性に目を向ける東洋の高 Context 文化に対し、分類や規則性を重視する欧米の低 Context 文化が比較されている。

　「我思う、故に我あり」という西欧の近代主義は、絶対に誤りのない真実へ至る道は外界の事物の一切と自己を切り離し「これは本当に真実かと疑っている限り我の存在は否定し得ない」とする考えから生まれた。この外界の事物から自己を切り離すという意識作用が、まさに Context の拒否という考えに支えられ、Context を徹底的に拒否することによって近代的「個人」が誕生する[※]。人間とは「人と人の間」に存在するとして「織りなされた」関係性に目を向ける東洋的人間像とは根本から異なる。

　hospitality という概念が「ホスピタリティ」として受け入れられたときに、この人間存在の根本に根差すモノの見方までもが移入されたとは思えない。関係性に目が向く高 Context 文化が生み出すホスピタリティの現代的意義に丁寧に向き合いたいと考えるのである。

（※）「コンテクストの喪失」（新評論）長谷川三千子

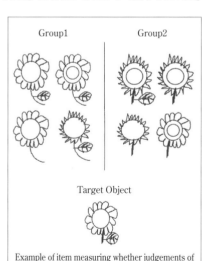

Group1　　　　　　Group2

Target Object

Example of item measuring whether judgements of similarity are based on family resemblance or rules

第Ⅱ部
ホスピタリティの現代的意義と社会との関わり

第6章
産業社会とホスピタリティ／hospitality（◉〜◉）

第1節　ビジネスモデルの創出とホスピタリティ

　標題にホスピタリティと hospitality を併記したのには理由がある。カタカナ外来語としての「ホスピタリティ」とその原語である hospitality には微妙で重要な違いがあることを第Ⅰ部で指摘した。これらのホスピタリティ／hospitality を具体的なフィールドで考えるのが第Ⅱ部の目的であり、本章での対象は産業社会である。第Ⅱ部で産業社会を第一にテーマとするのは、第Ⅰ部でホスピタリティの業界用語化とでもいうべき現象について批判的に指摘したが、この業界用語化の問題が一番密接に関わるフィールドだからである。

　航空産業の分野から二つのトピックを検証する。一つは、提携を地球規模で行うグローバル提携（アライアンス）のマネジメントにホスピタリティの視点がどのように反映するのかというテーマである。二つ目は、近年、市場を席巻し躍進する LCC（格安航空）のビジネスモデルの立ち上げに結びついた経営動機がホスピタリティの視点に拠っているというケースである。航空という分野を題材にするのは、航空が異文化交流（第Ⅰ部では異人歓待に言及）の越境する空間でありインフラであり進化し続ける現代的テーマであること、宿泊・レストラン・劇場（エンターテインメント）等の働きが複合的に内包される空間であること、人的な側面では接客や接遇の最先端であることなど、産業社会の事象が広くカバーできることが理由に挙げられる。

　航空輸送というサービスは地点間の空中移動の提供を目的とする事業であ

るから航空会社の第一義的な商品は、実は「移動」であり移動を提供する「ネットワーク（路線網）」である。機内で提供されるサービスや質の高い接客もこの第一義的な商品を支えるものであるが、ネットワークがいかに高品質な（市場ニーズにマッチした）ものかどうかが航空会社間の競争優位を支える一番の資源であり商品である。多くの一般書が客室の接客、接遇をターゲットにその上質なサービスや「おもてなし」をホスピタリティとして取り上げるが、学術の分野でも第一義的な航空商品であるネットワーク（及びその形成）をホスピタリティの視点で考察する研究は少ない[1]。航空のネットワークは個社の限られた経営資源（機材、路線権、運航能力など）ではいかに巨大な航空会社でも、一社で市場ニーズに対応できるものではない。このことから航空各社は「敵の敵は味方」（競争相手の競争相手はパートナー）のロジックを「縁」に提携を深め拡大すること（グローバルリーチの充実）で基幹商品であるネットワークの強化を目指す。この提携を構築するのに求められる「戦略的でかつ（他社の考えや企業風土、市場環境などを受け入れる）寛容」な経営の視点にホスピタリティが深く関わっているというのが一つ目のテーマである。

一流の料亭とファーストフード店を同一面で比較する人はいない。食事をするということは同じであるが、求めているものが根本的に異なるからである。この「同種の事業フィールド」で「異質なビジネスモデル」を構築する事で新たな需要を生み出し事業の維持・拡大を図る戦略が「垂直的差別化戦略」として経済学の理論で説明されることについて序章第4節（注11）で触れた。近年成長を遂げる格安航空（LCC）と大手航空会社の機内サービスを同一次元で比較しその良し悪しをホスピタリティの対象とする議論も見受けられる。これは、そもそも異質な業態のサービスを同次元で、かつホスピタリティの対象として機内サービスを比較するという二重の面で不整合な議論になっている点に注意しなければならない。本章で二つ目のテーマとするのが、低運賃の提供を目的に航空の根本的な運航構造（ネットワーク）を変革（破壊）することで新種のネットワーク（既存の航空輸送との垂直的差別化）を生み出したLCCモデルをホスピタリティの視点で考察することである。この

　二つの事例は、航空事業の根幹にあるネットワーク（路線網）を持続的にイノベーションするケース（Global Alliance）と破壊的にイノベーションする[2]ケース（LCC）という真っ向から向き合う視点で考察できる点で興味深いテーマだと思う。

　以上を通して業界用語とされるホスピタリティという考え方では説明のできないマネジメントの発想や組み立てへの関わりを、本来のホスピタリティの視点から導くことができると考える。なお、第 2 章、第 5 章で示したように「日本のホスピタリティ」は hospitality と「おもてなし」の間に位置し文脈によってその位置を稼働的に変動させる。第 II 部の各ケースがどの位置にあるホスピタリティなのかを示すために各事例の冒頭等にそのイメージマークをつける（〇〜◉）ことで論点を明確にし、かつ、混乱が生じないようにしたいと思う。産業社会（本章）や国際社会（第 8 章）、更に広く人間社会（第 7 章）の事例で、我々が hospitality と「日本のホスピタリティ」の概念を応用、展開する強みをリードすることができるとすれば、実社会の実際的な分野における実益や意義は極めて大きい。

第 2 節　Airline Global Alliance のマネジメントと　　　　　　　ホスピタリティの視点（◉）

1　背景

　本節では、Global Alliance のマネジメントにホスピタリティの視点（◉）がどのように関わっているのか着目する。考察を進めるに際してまず、Global Alliance が何故誕生することになったのか規制産業としての航空の成り立ちとそのバックグランドについて説明することから始めよう。

　国際民間航空は、この半世紀の間に驚異的な成長を遂げた。戦後、日本で国際航空運送が可能となった 1953 年に 900 万人だった世界の国際航空旅客数（統計便覧　昭和 40 年度版日本航空企画部）は、60 年後の 2013 年にはその 140 倍近くの 13 億人に達している（図 6-1）。更に、この国際旅客市場の 6 割以上が 1990 年代に三つに集約された Global Alliance の傘下にある（後掲

図6-1　国際航空の飛躍的拡大

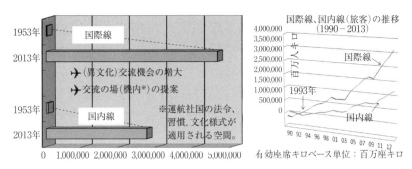

		1953年	2013年	60年間
旅客数(千人)	国際	9,000	1,238,165	138倍
	国内	43,000	1,864,761	43倍
座席キロ(百万座キロ)	国際	24,000	4,582,332	190倍
	国内	51,000	2,702,651	53倍

(出所)「統計要覧」(日本航空昭和40年度版)、「航空統計要覧」(2014年度版)より筆者作成。

図6-2　Global Alliance のマーケットシェアの推移

世界の定期航空会社(605社)の約1割のアライアンスが全体の約62%のシェアを占める

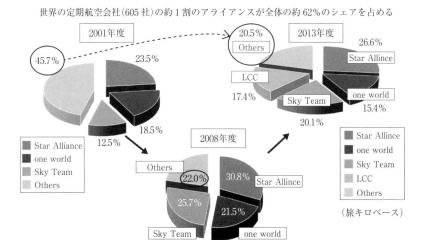

(出所)「航空統計要覧」(2008年、2014年度版)より筆者作成。

図 6-2）という点は、航空輸送の驚異的な成長と併せて注目すべき興味深い特徴である。

　国際民間航空は国の厳しい監視とも言える管理の下に置かれている規制産業である。世界大戦時に航空が危険な武器となったことと同時に、大戦後の世界の発展に航空が大きく寄与することが予想されたことで国の「監視」の下での成長という枠組みが必要であったからである[3]。この思想は国際民間航空条約（シカゴ条約）[4] に盛り込まれ、それぞれの国には排他的な領空主権（承諾なく他国の領空を飛行できない）があること、運輸権はそれぞれの国の国籍を持つ航空会社によって実行されることが定められた。

　安全面の監視は怠りなく管理されるべき必要な規制と言えるが、問題は運賃の設定や便数、乗り入れ地点など経済面に国が干渉する規制である。この規制により航空会社は自由な路線展開や拡大ができない上に国籍規制があることで他の産業とは異なり合併を通じたネットワークの拡大ができない。運輸権は二国間協定の下でそれぞれの締約国で設立され免許を持つ航空会社によってのみ実行が認められ、自国の国籍を持つ会社という要件が満たされなければならない（国籍条項）。従って、合併や投資によって自国以外の資本が 4 分の 1、あるいは 3 分の 1[5] 以上になるなどの第三国化は認められないこととなる。結果、国際間における航空会社の合併は許されないのである。

　以上の枠組み（規制）の下で、グローバル化する市場に対応するために航空経営にはひと知恵絞ることが求められたのである。奇しくも、当初から航空の規制に反対しオープンスカイを標榜する米国のオープンスカイ政策[6] が、シカゴ条約の規制を回避し合併に匹敵する程度の仕組みを民間ベースの提携で可能にすることに活路を拓いた。この取り組みが Global Alliance と呼ばれる民間航空会社による地球規模の戦略提携である。1990 年代後半に現下の 3 大アライアンス[7] に集約され、2014 年時点でアライアンスに参加する 63 社で世界の航空市場の約 62％のシェアを占めるまでに成長している（図 6-2）。

　Global Alliance の取り組みでは路線網の拡大のみならず、パートナー相互で安全チェックを許容する仕組み（Safety Audit）や、共同購入でコスト削減

を達成する取り組み（機内の備品の購入、機内オーディオの共同調達、燃油の共同調達等）、更には航空機の共同購入なども検討され合併に近い（Virtual Merger）目論みがなされ文字通り運命共同体の様相を呈している。以上、Global Alliance の基本的な理解についてその誕生背景を概観した。これを踏まえ、アライアンスのマネジメントにホスピタリティ（◉本節以下同じ）の視点がどのように関わっているのかを次項で見てみよう。

2　Global Alliance のマネジメントにおけるホスピタリティの視点

（1）視点の整理

　そもそも、Global Alliance のマネジメントについては研究がまだ進んでいない。Global Alliance が結成されたのが 1990 年代の後半であり、市場に影響を及ぼすようになって四半世紀に満たないことも理由の一つに挙げられる。また、研究の多くがオープンスカイ政策や規制緩和など航空政策や制度面に関わる研究が中心となっている点も特徴である。Global Alliance のマネジメントに関わる研究となるとまだ進んでいないと言える。更には、hospitality ／ホスピタリティの視点から Global Alliance を考察する研究はこれからにまつところが大きい[8]。多様な文化や市場を擁する大小様々な航空会社が一つの有機的な組織体（運命共同体）として世界の市場をネットワークし、国際航空旅客市場に大きな影響を持つようになった Global Alliance のマネジメントがどのように行われているのか、ホスピタリティの視点で考察する。

　ホスピタリティの定義、概念付けについては先行研究を踏まえ主体者である「人間」を個としての「ヒト」の視点、全体として「人間社会」と見る視点で整理した（第 3 章第 3 節）。また、hospitality と「おもてなし」が相互に関係し合い、この両極の間を稼働域とする「日本のホスピタリティ」を本節のケースでは「ホスピタリティ（◉第 5 章図 5-2 で右側に位置する）」の位置で捉えている点もご理解いただきたい。その上で、本節でホスピタリティの概念付けを「戦略的寛容性の精神として国や地域、共同体等の制約を超え、多元的な共生関係や価値を形成する理念ないし規範」と表現できる。このホ

スピタリティの視点が Global Alliance のマネジメントにどのように取り込まれているかを考えるのに以下のように上記定義を3つに分解して検証するのが分かりやすいと思う。すなわち、

　(ⅰ)　戦略的、寛容性の精神として、

　(ⅱ)　国や共同体などの制約を超え、

　(ⅲ)　多元的な共生関係や価値を形成する理念ないし規範、（具体的な価値の創造が求められるビジネスでは、「共生」を前提とする「共創」の表現を使用する。）

である。

　また、ホスピタリティ・マネジメントの捉え方についても第3章第4節で説明した。欧米を中心に「ホスピタリティ産業」におけるマネジメントとする考え方[9] もあるが、本書では広い事業分野や組織におけるホスピタリティの精神や視点によるマネジメントという考え方[10] に立ち、Global Alliance をホスピタリティ・マネジメントの事例として考える。3大アライアンスの中で最も規模が大きくまた各地域の多様なメンバーで構成する Star Alliance を具体的な題材として検証する[11] が、航空分野の域に留まらずグローバル展開をする他の産業にも広く適用できる視点を含意に捉えたい。

（2）戦略的寛容性の精神で企業の壁を超える；Multilateral Relations

　Global Alliance というのは航空会社の連合体であり、合併ではない。戦略を共有し方策を決議、実施する有機的な連合体ではあるが、あくまでも個社の集合体であり、全体の戦略や事業計画を策定、提言するに際してはそのアクターが必要となる。Star Alliance（以下 Star）では、その戦略や事業計画を策定し全体をマネジメントする会社として Star Alliance Services GmbH（以下 GmbH）をフランクフルトに設立し各メンバー社から人を輩出して運営している。Global Alliance のマネジメントをホスピタリティ（◉）の視点で考察するに際し、先行研究をレビューし、GmbH の経営理念や戦略等に関するデータや資料を分析し、取材[12] を行った。

　アライアンスでは大小様々、多様な航空会社が共存でき、異なる文化や考

図6-3　様々な企業で構成し多元的共創を目指すアライアンス

Star Alliance における大小企業の参加と多元的共生の様相

□　大小共存、異文化（市場、経営）尊重のマネジメント
　↦　強者の論を強いず、大小多様な共生が生む Seamless なネットワーク
　↦　大小企業の平等な参加により獲得する Market Diversity　cf 合併による一元化

〈Star Alliance のケース〉

大企業	便数／日	RPK	RPK%	小企業	便数／日	RPK	RPK%
UA	5,100	330	24	ADRIA	54	1.06	0.08
LH	1,959	76.26	5.5	CROATIA	80	1.32	0.09
CA	900	103.06	7.4	AEGEAN	210	7.81	0.56
ANA	950	65.53	4.7	BRUSSEL	240	9.77	0.70

※RPK：有償旅客キロ　　　　　※RPK%：スター全体の RPK に占める割合
※スターアライアンスの例　スターアライアンスのホームページ（2014.12）より作成
※UA：ユナイテッド航空　LH：ルフトハンザ航空　CA：中国国際航空　ANA：全日空
　小企業では、アドリア航空、クロアチア航空、エーゲ航空（ギリシャ）、ブラッセル航空

　□　多元的共生を実効するアライアンスカンパニー（Star）の働き
　　↦　Star Alliance Services GmbH（60 人、27 カ国籍）が策定する戦略経営の政策
　　↦　メンバー各社の意向を"スターの視点"から多元的に戦略に反映する役割

（出所）スターアライアンス GmbH の取材、HP より筆者作成。

え方を受容する寛容性の精神が求められる。この寛容性の精神を織り込む理念・規範は、日々激化する競争環境を生き抜きかつ利益を各社の株主他ステークホルダーに還元し、航空輸送という公益に資するものでなければならない。Star の場合には、米国の UA（ユナイテッド航空）のような巨大企業とスロバキアの ADRIA 航空のように、UA の 330 分の 1 ほどの小規模の企業が共存してアライアンスを形成している（図6-3）。大小の規模、多様な文化・経済的背景を持つメンバーが共存し、かつそれぞれに利益を還元する戦略的経営基準に基づくマネジメントが必要となる。メンバー各社に還元される利益の合算がアライアンス全体の利益図であり、逆にアライアンス全体の利益がメンバー各社に応分の割合で継続的に還元されなければならないが、このような足し算や還元が継続して成り立つほど市場は簡単ではない。他方、利益の見込めないアライアンスに加盟する意味は無いから、時々の経済環境や政治状況等の変化の中でアライアンスを継続してマネジメントしてゆくこと

図6-4　アライアンスをマネッジするアクター（GmbH）

Star Alliance Services GmbH

↦　国際航空の枠組み・動向研究、グローバル・アライアンスの動向等データ分析
↦　Star Alliance のメンバー各社への取材、調査の実施

Cf

> • One world Management Company
>   （NYC 30 名　2011）
> • SkyTeam Airline Alliance
>   Management office
>   （AMS 30 名　2000）

> ▪ 設立日：　2001 年 5 月 15 日
> ▪ 所在地：　ドイツ
> ▪ 資本金：300,000 ユーロ
>   （約 4100 万円　2001 年時点）
>   （約 8.3%　12 社均等）
> ▪ 従業員数：　60 名
>   （2014 年 12 月時点）

（出所）Star Alliance のデータ及び取材から筆者作成。

は容易ではない。

　ここに、メンバー各社とアライアンスの利害ベクトルを双方向でマネジメ
ントするアクターが重要な役割を担うことになる。このアクターが Star の
場合は GmbH である（図6-4）。他の Global Alliance においても類似の組織
が設けられている。

　アライアンスは、加盟各社の二社間の関係（Bilateral Relations）の総体で
はない。第三市場への関わりをコミットする複合的な多数社間の関係
（Multilateral Relations：以下マルチ）が重要な働きを持っている（図6-5 参照）。
マルチの関係では図に示すA社は、B–C社間、B–D社間、C–D社間の市
場についても係りをコミットすることが求められる。A社の市場旅客からす
れば、B–C間、B–D間、あるいはC–D間も移動の対象であり、A社のホ
ームマーケットを起点とする地点（A–B間、A–D間）だけを移動するわけで
はないからである。ネットワークというのは、旅客の側からすれば切れ目な

図6-5　Multilateral Relations の実態的意味

第三市場へのコミットを尊重する Multilateral Relations の尊重

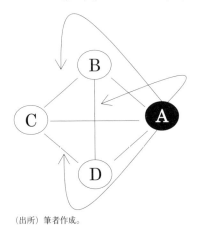

（出所）筆者作成。

グローバル・アライアンスでは、

N x（N-1）x 1／2 通りの
Bilateral Relations が成立するが、

左図に示す第三市場への
コミット（例　A の B-C 間、B-D 間、
C-D 間への係わり）はネットワークに
不可欠。

Star Alliance は、
Multilateral Relations を通して、
第三市場へのコミットを重要指針とする
多元的共生の航空連合である。

く接続していなければならない。A 社にとって第三市場だからという言い訳
は成り立たない。ネットワークという航空会社の基幹商品は、提供者の都合
（有効な機材回し、路線権の有無等々）という一方方向の視点では成り立たない。
商品の提供を受ける側（旅客）の視線で当該商品の品質と競争力を検証し、
保証しなければならないのである。

　各社が第三市場にコミットするには、その文化、経済など「異なるもの」、「異
なること」を理解し受け入れる寛容な姿勢が求められる。GmbH はこの経
営意識を共有するために、各社のトップが定期的に（2 回／年）一堂に会し
ビジネス以前の相互信頼を醸成する機会（社長会、プライベート・セッション）
を設けている[13]。異なる他者（他社）への寛容性の精神と関わりを、競争
力のあるビジネス戦略に取り込む GmbH の重要なマネジメントにおけるホ
スピタリティの視点である。

（3）国や共同体などの制約を超えるホスピタリティ・マネジメント

　本章の導入で示したように、Global Alliance は国家間の制約を克服する民
間航空の地球規模の航空連合である。「国家間の制約を克服する」とは、国

図6-6　国際民間航空の枠組みと Global Alliance の位置

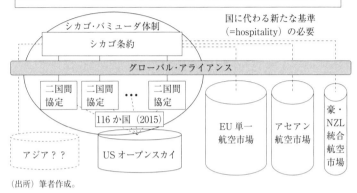

シカゴ・バミューダ体制：領空主権、運輸権、カボタージュ規制等の理念的な規定をシカゴ条約で定め、民間航空輸送を営むための具体的な事項（企業の指定・国籍、外資規制、運賃、便数、参入地点等）を、それぞれの二国間協定（英米間のバミューダ協定がモデルとして使用）の取り決めに委ねた枠組み。

（出所）筆者作成。

　家間の取り決めを俟たずに、また政治による解決に委ねずに、国家横断的な地球規模の連合を民間の提携で目指すことである（図6-6参照）。そのためには、それぞれの国の法令や基準に抵触せず加盟メンバーで共有できる新たな基準が必要となる。

　この越境的、超国家的とも言える Global Alliance のマネジメントについて、Star の取り組みを検証する。以下は、Star をマネジメントする GmbH のデータ・情報、CEO への取材[14] から注目される主要な点である。

　　(i) Star 加盟全社の経営幹部の定期的な戦略確認と意見交換の励行。
　　(ii) Star の決議：企業規模の大小を問わず満場一致決議を基本とする。
　　(iii) GmbH のスタッフのグローバル化（2018年現在、26カ国の国籍を有する60人のスタッフが所属する）。
　　(iv) Star のマネジメントには戦略的、寛容性の精神を鍵とする。

以上に示すように、トランスナショナルな Global Alliance のマネジメントで最も重要な鍵となるものが、異なる他者への理解と寛容性の精神を支えるホスピタリティの視点であった。

（4）多元的共創価値を生むホスピタリティ・マネジメント

　Star では強者による一極化を排し、大小様々な航空会社の共生が重要な指針に位置付けられている。図 6-3 に示した Adria 航空や Croatia 航空、Aegean 航空など小規模な航空会社もホームマーケットにおいては LH（ルフトハンザ航空）や UA という巨大企業を凌ぐマーケットの求心力を持っている。そのマーケットの特性や市場原理がこれらの航空会社を必要としたわけで、世界をネットワークする巨大航空会社がこれに代われるわけではない。航空旅客輸送は単なる「ひと」の輸送ではなく、それぞれの文化や地域に根を張った「人間」を対象とするインフラであり、航空会社そのものがその地域や文化の代弁者であるからである。この視点は、多元的な共生を重要な指針に位置付けネットワーク全体をシームレスに構築する多元的共創価値の創出を目指す Star のマネジメントに取り込まれている。Star は、強者の論を排しそれぞれのマーケットの特性に密着しながら地球規模のネットワークに接続する仕組みを提供しているのである。このことで、それぞれのホームマーケットが Star 全体の共有市場となる意味（多元的共創価値）は大きい。小規模の市場を規模の論理に包摂しないことで、Star 全体で支援するメカニズムが構築され、どの市場の旅客にも接続可能なネットワークとなる（market diversity & accessibility）。多様性や多元的な関係を許容することで多元的共創価値を生むホスピタリティの視点が Star のマネジメントを支えているのである。

3　Global Alliance のホスピタリティ・マネジメント

　国際航空旅客市場に絶大な影響力を持つ Global Alliance が、大小様々、多様な企業文化や経営環境を持つ航空会社の連合として、そのマネジメントにどう取り組んでいるのか、ホスピタリティの視点というディシプリンで考察し、ホスピタリティ・マネジメントの事例として紹介した。hospitality を、その原義から演繹的に定義付け、hospitality の主体者である「人間」を「ひと」という個に限定しないことで、hospitality の対象を人間社会（グローバル化する産業社会）の理念や規範とするマネジメントの事例である。この視点か

ら Global Alliance のマネジメントを律する指針や考え方を捉えれば、Global Alliance という業態のマネジメントの理論研究が更に進むだろう。

　hospitality の原義から演繹される概念を「戦略的寛容性の精神として国や地域、共同体等の制約を超え、多元的な共生関係や価値を形成する理念ないし規範」として捉えれば、ホスピタリティの視点（◉）を取り込むマネジメントという考え方は航空以外のグローバルビジネスの展開にも広く適用されるだろう。航空の場合には、国の監視や国籍規制の枠組みが課されていたからこそ、それを克服する英知として Global Alliance という仕組みが考え出され、個々の企業という概念を超え企業間を結び付けるマネジメントにホスピタリティの概念が活かされた。国籍規制のない産業では、事業規模の拡大は合併という形で達成でき合併後の一社のロジックでマネジメントができる。しかし、このグローバル企業は様々な国籍の役員、従業員、ステークホルダーで構成され様々な市場ビジネスに関わることを考えると、ここでも企業内の経営のフレームワークや理念として異なる他者を許容するホスピタリティの視点に基づくマネジメントは同様に重要な鍵となるだろう。

　航空に限らず様々な産業分野で、異なる他者を許容するマネジメントはこれからの事業を伸ばす重要なコアになる。hospitality の概念である(i)（一企業を超える）戦略的、寛容性の精神、(ii)国や共同体などの制約を超え、(iii)多元的な共生関係や価値を創出する理念や規範、という視点をそれぞれの分野で具体化するホスピタリティの視点（◉）が求められている。

第3節　LCC ビジネスモデルの創出とホスピタリティの視点（◉）

（注）　前節のグローバルビジネスに比べ、より「ひと」の面に注目する点で本節では「日本のホスピタリティ」の稼働位地をやや左側に位置付けた（◉←◉）。

1　LCC の登場と躍進

　移動を促すグローバル化の要請を一方に、米国に端を発し、欧州、世界へ

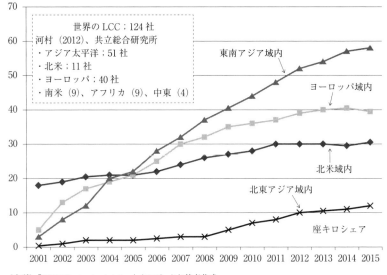

図6-7　世界のLCCの地域別シェアの推移

（出所）「CAPA Centre for Aviation」（2016）より筆者作成。

と拡大したオープンスカイの潮流を所与として成長してきた航空が人の移動
を支える時代になっている。今、この潮流の潮目に、ネットワークを基盤と
する従来型の航空輸送（Network Carrier, NWC）の概念を根底から覆すLCC
（Low Cost Carrier：格安航空）と呼ばれる低運賃の新たな航空輸送が市場を席
巻し成長している。航空輸送の生命線とされてきたネットワークを裁断し、
低コスト構造で格安運賃を提供する航空の新たなビジネスモデル（業態）が、
2001年には8％（提供座席数）であった世界市場のシェアを2014年には26
％に拡大させた[15]（図6-7は地域別シェア）。
　航空輸送の第一義的な役割（商品）は地点間の移動の提供である。従って、
航空会社にとって市場ニーズの高い路線網（ネットワーク）の構築は他社と
の差別化、競争優位を生む重要な経営戦略の要である。グローバル化が進む
現代では、一社の路線網でグローバル化市場に対応することはできないが、
国際航空の枠組みである「シカゴ・バミューダ体制」[16]の下では国籍規定

が設けられ、ネットワークの拡充に他の産業のように合併することが許され
ない[17]。このことからNWCは合併という手段を避け、世界規模で提携（Global
Alliance）する戦略のマネジメントについてホスピタリティの視点で本章第 2
節において考察した。

　本節では、NWC のネットワーク戦略に対峙する LCC ビジネスモデル（以
下 LCC モデル）及びその戦略についてホスピタリティの視点からどのように
捉えられるのかがテーマである。すなわち、他社との接続（interlining）を含
めたネットワークを事業の基盤とする従来型の航空輸送（NWC）を根底か
ら覆しネットワークを裁断、自社便のみによる区間運航（no interlining、
Point-to-Point）という、これまでの常識を覆し低コスト構造を編み出し低
運賃を提示する LCC モデルのマネジメントにホスピタリティの視点（◉）
がどのように関わるのかを考察する。

　「常識を覆す」と表現したが、LCC モデルの成り立ちに立脚すれば次のよ
うに説明できる。LCC モデルは、NWC が不採算として対象としなかった低
運賃の区間運航を実現するために、既定の運航構造（コスト）を根底から変
革（破壊的イノベーション）[18]することで NWC とは異種の航空輸送（Point-
to-Point、区間運航）を創出した。LCC モデルのマネジメントは、今までの
航空には相手にされなかった潜在的消費者のニーズ（低価格志向、小都市間
移動など）を第一に考える hospitality の視点に基づくことを仮説に立て検証
する。

　従来の航空の観点からは次のように立論できる。小都市間輸送は全体の路
線網の網目の一部として効率的な機材回しの便間で、基幹ネットワークのコ
ストとして位置付けられる。公共交通機関の役割を担いつつも、民間企業と
しての経営視点からは需要が小さく採算性の見込めない小都市路線は、限界
費用の回収に留まる負の路線材である。小都市区間輸送は NWC の仕組みや
構造、ひいては考え方（経営志向）を根本から変革し、対象としてこなかっ
た受給者側の視線で作り変えなければ対応できないのである。LCC モデル
は、NWC では対応できない旅客市場（White spot）に向けた、NWC の常識
を破る経営の意志であり戦略であることを hospitality の視点で考察する。

ファーストフード店と老舗の料亭の味やサービス、雰囲気を同一に比べる人はいない。食べることは同じだが、求めるものが違うからである。経済学などの分野で垂直的差別化[19]として説明される事象である。航空輸送ということは同じだが、そもそも別物である LCC を NWC と同一面で比較していないだろうか。LCC の設立動機と輸送構造から離れ、機内サービスや接遇の面で NWC との優劣を競う比較は LCC の本筋を見誤ることになる。加えて言えば、LCC の従業員の給与の方が NWC より高く、労働生産性が高いことも米国では実証されている[20]。LCC の低コストは人件費を圧縮して成り立っているわけではなくもっと根本的なことなのである。残念ながら日本では LCC が「安かろう、悪かろう」の誤った見方で受け止められているとする研究者の指摘にも注目したい[21]。

本章では、LCC の Point-to-Point のネットワークや格安運賃という差別化のコンテンツを入り口として、そのビジネスモデルの動機となったマネジメントを「ホスピタリティ（◎）」の視点で考察する。

2 LCC モデルの創出動機におけるホスピタリティの視点（◎）

（1）視点の整理

ホスピタリティやホスピタリティ・マネジメントの概念の整理については第3章や本章第2節で行ったので参照して欲しい。本節との関係ではホスピタリティの主体者である人間視点の整理をしておかなければならない。本項において LCC モデルの創出動機（マネジメント）をホスピタリティの視点から考察するに当たって対象とする「人間」は、消費者、旅客という個々の「ひと」であり、旅客市場を形成する全体としての「消費者」である。すなわち、消費者、旅客という「ひと」の低運賃、小都市間移動のニーズに向き合い、NWC の既定の構造という航空の常識を根本から変革し対応することを促すホスピタリティの視点を通して、LCC モデルのマネジメントについて考える。

（2）LCC について：LCC を定義する

　LCC や NWC を定義付ける根拠法規があるわけではない。従って、LCC と言ってもその概念が様々である。参考までに研究者の定義付けを見てみると、花岡（2007）[22] では「LCC とは低運賃を提供する航空会社の総称である」としているし、遠藤（2008）[23] では Airline Business（2006, May）の定義を引用し「LCC とは、比較的短距離で、低運賃・多頻度の定期サービスを提供する航空会社である」として、成立過程や所有関係から①大手航空会社の子会社としての LCC、②チャーター航空会社と旅行会社の子会社、あるいは企業内部門としての LCC、③独立系の LCC の三つに分類する。小島・後藤・早川（2007）[24] では、「LCC には明確な定義はなされていないが、大手航空会社よりも運航コストを低下させ、より安い料金で運航される航空会社をいうことが一般的である」として運航コストの低減に注目するがコスト低減の態様については言及していない。朝日・村上（2014）[25] では、「LCC とは、ヘッドクオーター部門の費用削減、機内食等の付加的サービス削減および運航効率の追求等により低費用を実現し低運賃を設定している航空会社のことである」として費用削減と運航効率に注目するが、LCC モデルに固有な低コストの仕組みは必ずしも明確ではない。以上、研究者の間でも LCC とは何なのかその定義や概念付けは様々で統一されているわけではないことをレビューした。

　LCC モデルをホスピタリティの視点から考察するポイントは、既に述べたように NWC とのキャビンサービスの充実度の違いではない。何故、航空の根本であるネットワークをも変革（破壊）してまで低コスト、低運賃を目指したかということである。本章では、LCC モデルに固有な低コスト・運航構造とこれに連動するネットワークに着目し、「LCC とは従来の航空（NWC）の基本となる運航構造（常識）を変革（破壊）することで可能となる低コスト構造とこれと不可分に連動する短距離区間輸送（Point-to-Point）により格安運賃を市場に提供することを目的とする、NWC とは異種の航空輸送モデル」であると定義して議論を進める。このように LCC は従来型の航空とは全く異なる異種のビジネスモデルであることは、NWC が対象とし

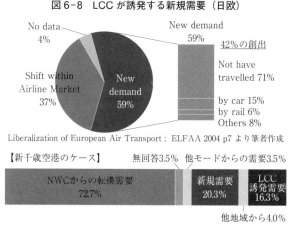

図6-8　LCC が誘発する新規需要（日欧）

Liberalization of European Air Transport：ELFAA 2004 p7 より筆者作成

（出所）国土交通省国土交通政策研究所（平成 27 年 5 月 20 日）。

なかった新たな市場を開拓し需要を誘発して、競合というよりも共に共生し
ていることが欧州や日本の市場でも確認されている（図6-8）ことからも説
明がつく。LCC と NWC は互いに市場を喰い合う（カニバリゼーション）こ
となく、LCC が新たな市場を誘発し結果として両者が共に成長し拡大（共生）
しているのである。

（3）LCC ビジネスモデルにおけるホスピタリティの視点

　本項では LCC ビジネスモデル（以下 LCC モデル）立ち上げの動機をホス
ピタリティ概念から捉え、その視点がどのようにマネジメントに反映されて
いるか、低運賃・短距離区間運航との関係について考察する。
　世界の航空輸送は、安全基準を中心として国際的な統一基準と枠組みの中
で営むべきことから国際民間航空条約を母体としている。結果、移動する人
の側が、この枠組みの下で展開される航空のネットワークに合わせて航空利
用することで航空市場は成長してきたと言える。オープンスカイは NWC の
ネットワーク展開をより柔軟にする「制度制約の開放」であったが、国際航
空の枠組みの下で培われた NWC の「運航構造の変革」を目指したものでは

表 6-1　LCC のコスト優位の視点と NWC のコスト構造

	LCC	NWC	% in Operating Cost（NWC）
1. Fleet	Single Fleet Small, Medium size	Diversified for Huge Network Medium, Big size	
2. Maintenance	Simple, contractual basis	Diversified by Own facility	Networking
3. Stage Length（Networking）	Short, Medium（800k＋－）Point‑to‑Point	S, M and Long（1200 ～ 9000k）Hub & Spoke, and Line type	73‑83%　※ 1
4. A/C Utilization（Tournaround）	Fast（25min）	Slow（60min or more on SKD）	
5. Airport	Secondary, No congested	Primary Intl Airport	
6. Distribution	Direct channels（internet）	GDS, Trvl Agnt, Internet	Sales 3.5‑8.3%　※ 2
7. Service	No frills（all chargeable）Chargeable Seat Assign	Frills, Classes, Lounge	Services 2‑3%　※ 3
8. Others			11‑15%　※ 1

※ 1　各社 annual report（2014）より AA（80.9）、UA（76.4）、DL（73.8）、LH（83）、AF（78.3）、NH（77.9）
※ 2　同上より、AA（6.6）、UA（5.4）、DL（6.9）、LH（1.6）、AF（4.9）、NH（8.3）
※ 3　R.Doganis（2001）より。尚、DL（2.7）、AF（3.3）は annual report（2014）より。
（出所）表各社の年次報告書より筆者作成。

　ない。この NWC の運航の構造という常識を根底から覆し、低運賃を提示する新種の航空輸送が LCC モデルである。LCC モデルは、従来の航空の枠組みの下で成立した航空の運航構造を根底から変革（破壊）することで低コスト構造を創出し、NWC が対象としない低運賃を求める消費者を直視するマネジメントの視点から誕生したのである。
　表 6-1 は代表的な NWC 各社の全体の運行コストに占める各部門コストの割合を示したものである。難しい議論はここでは省くが、ここから分かることは、NWC の全体の運航コストに占めるネットワークコスト（機材費、整備費、区間運航費、空港使用料）が、各社で 73％～ 83％を占め[26]、生産コスト（営業、機内ミール、サービス等）は 17％～ 27％（ただし、Sales 3.5 ～ 8.3%、Inflight Service 2 ～ 3%、Others 11 ～ 15%）である。LCC モデルはこの NWC の全体運航コストの大半を占めるネットワークコストに根本的なメスを入れる（変革する）ことでユニットコスト（1 席が 1 マイル移動するに要す

るコスト）比較で NWC の 40 ～ 60％を低減した[27]。コスト比率のもともと小さい機内サービス等（機内ミール、サービス費など）の削減では低コストは実現できないのである。これらのコスト削減は LCC のコスト全体像の中で副次的に寄与しているものなのである。

　更に、LCC モデルはこのコスト削減項目がそれぞれ密接に連動することで成立する。単一機材の使用は整備コストの削減を可能にし、機材稼働率による収益性には短区間運航が必須となる。機材の高稼働、区間運航を達成するためには発着枠の確保が容易で使用料の安い非混雑の二次空港の使用が不可欠となる。これらのコスト削減が低運賃事業の母態である。

　以上、低コスト構造は、NWC の運航構造の根本変革（航空輸送の常識を破る）により実現可能となるものであり、一般に誤解されているような人件費の削減（LCC の方が人件費、労働生産性が共に高い点は既述した）や機内サービス費の圧縮で成り立っているのではない。注目していただきたいのは、何故このような航空の常識破りに至ったのかの点である。

　LCC モデルは、NWC が対象としなかった消費者に真正面から向き合い、航空の常識を破り低運賃・短区間運航を実現し、消費者の求めるニーズや思いを第一にするホスピタリティの視点によるマネジメントであるということである。提供する側（NWC）の都合や事情（枠組み）に視点を置いていたら発想できなかったビジネスモデルである。NWC とは根本から異なる異種の航空輸送である LCC モデルの経営動機となった視点をホスピタリティの概念で考えてみた。

　LCC のモデルとなった米国 Southwest 航空（SWA）が３機のボーイング737 型機で運航を開始（1971）し、今や全米第１位の航空会社に成長したことはホスピタリティの視点が消費者の心をつかんでいたことを物語っている。また、同社の従業員第一（ES）の経営が顧客満足（CS）の原動力となり、採用では、ユーモアーのセンスが第一に重視されることも広く知られている[28]。ユーモアーとは Human（人間らしさ）であることだから、LCC モデルの基軸として NWC のシステム本位の航空と比べると根本的に異なる。SWA モデルを踏襲した欧州の Ryanair や easyJet は国際線旅客数でそれぞれ

世界 1 位、2 位の航空会社に成長している（航空統計要覧 2018）。低運賃、Point‐to‐Point の運航という垂直的差別化戦略を生み出したホスピタリティの経営視点が消費者の声に耳を傾けることで既定の枠組みを超える新たなビジネスモデルを生み出したのである。

3　イノベーションとホスピタリティの視点

　ファーストフード店と老舗料亭の比較のような LCC と NWC の機内サービスの優劣比較は、位相の異なるビジネスモデルを同一面で比較する議論として妥当性を欠くことは何度も述べた。本節では、LCC モデルは、航空の既定の枠組みの下で NWC が対象としなかった（できなかった）消費者に正対し、既存の航空の構造を根本から変革し、求めるニーズや思いに対応するホスピタリティの視点によるマネジメントであることを考察した。NWC とは根本から異なる異種の航空輸送である LCC モデルの動機となった経営はホスピタリティの視点から検証することができる。

　LCC が NWC とは異種の航空輸送であることから市場で共存し、新規需要を誘発し市場拡大に繋がっている点について国土交通省の調査（2013）[29]は「欧州では FSC（本稿で NWC；筆者註）の需要を保ちながら直近 10 年間で LCC 市場が拡大している」結果をまとめている。同時に、「LCC が登場して 42 年経過する米国では航空需要も成熟化し、LCC の拠点空港参入と FSC（本稿では NWC）とのコスト優位性の低下により、FSC と同質化しつつある」点を指摘する。LCC 発祥の北米市場では、LCC の変容、NWC 化が始まり NWC との市場の喰い合い（cannibalization）が起きていることになる。北米という単一の国内巨大市場という特殊な市場環境の下で LCC のビジネスモデルが今後どのように変容してゆくのかは注視しなければならない。

　LCC モデルの市場適性はホスピタリティの視点による経営と密接に関係している。本節の考察は、人間本位（ホスピタリティの視点）、垂直的差別化が成立する余地のある他の分野でも新たなビジネスモデルの創出について適用されると考える。既存の制度・枠組みの下で成立した商品・サービスに対する垂直的差別化を引き出す経営動機の視点にホスピタリティ概念がどのよ

うに具体的に絡むのか、本節の考察の延長上に体系立った研究域を設定することができるだろうと考える。

注

（1） 山路顕（2015）「Airline Global Alliance のマネジメントについての一考察」、『HOSPITALIT』、第 25 号、日本ホスピタリティ・マネジメント学界。
拙稿では異なる他者（他社）との提携による地球規模のネットワーク構築のマネジメントをホスピタリティの視点で考察した。

（2） クレイトン・クリステンセン、玉田俊平太監修（2008）『イノベーションのジレンマ』、pp.147-170、翔泳社、ではこれからの企業経営に求められる「破壊的イノベーション」という概念について新たな考えを展開している。

（3） 9.11 同時多発テロ（2001 年 9 月 11 日）は、国の安全監視をすり抜け航空機を武器に利用したテロとして未だ記憶に新しい。

（4） ANA 総合研究所（2008）『航空産業入門』、東洋経済新報社、pp.22-33.
第二次世界大戦の末期に米国の呼びかけで連合国の国々がシカゴで締結した国際民間航空の枠組みに関する条約（1944 年 12 月 7 日）。締約国の領空主権の確認や国籍に基づく運輸権の交換、五つの運輸権（空の五つの自由、Five Freedoms）について取り決めた。

（5） 日本の航空法では、航空運送事業を経営する場合の許可申請（「101 条」で外国人、外国法人の条項（4 条）を援用し 1/3 以上の外国資本を認めない。
一方、米国では 25%、欧州では 49%、中国 35%、韓国 50% などそれぞれの国の事情で異なる外資規制が設けられている。自由を標榜する米国の外資規制が意外に厳しいのは、国防上の観点からである（連邦航空法）。また、EU では域内外資については 100%、すなわち規制なしとして国内の位置付けにしているのも注目である。

（6） 1995 年 4 月に米国クリントン政権下で運賃の自由化や乗り入れ地点や便数などに制限を加えないこと等を盛り込んだ国際航空運送政策が示され、これを実行するために「モデルオープンスカイ協定」による二国間協定の締結を各国に求めた。日本は 99 カ国目の締結国（2010 年 10 月 25 日）である。2017 年 8 月時点で世界の 116 カ国が締結している（US DOT 2017.8.31）。

（7） Star Alliance（加盟 28 社）、one world（同 17 社）、Sky Team（同 20 社）を指す（各アライアンスの HP より　2017 年 8 月閲覧）。

（8）　山路顕（2015）「Airline Global Alliance のマネジメントについての一考察」、『HOSPITALITY』、第 25 号、pp.42‒44.

（9）　Bob Brotherton, Roy C. Wood (2000) Hospitality and hospitality management, In Search of Hospitality, pp .144‒152 では、management of food, beverages and/or accommodation としている。

（10）　小泉京美（2008）「統合時代におけるホスピタリティ・マネジメントの一考察」、『立教ビジネスデザイン研究』、第 5 号、p.230 では、人的要素を根底にした第三次産業の分野を全て網羅するとする。

　　　コーネル大学 MBA では「ビジネスをホスピタリティの要素を入れてマネジメントする」との考えを取っている（Master of Management in Hospitality, Cornell School of Hotel のホームページ）。

（11）　Star Alliance が他の二つの Global Alliance（one world, Sky Team）に比し、その規模（ネットワーク、運航便数、参加メンバー数）において他を凌駕し Global Alliance 事例として代表的であること、かつメンバーの多様性を反映した多元的な提携深化を達成していること、その意思決定における市場への適応性と多様なメンバーの参画を担保するガバナンスのメカニズムにおいて hospitality 理念の具現化が窺えること等が対象とした理由である。

（12）　Address by Mark Schwab, CEO Star Alliance to the European Aviation Club 25th Sep. 2013, Star Alliance Press Archive（www.staralliance. come/ja/press/media‒library）では、EU に言及しながらグローバル化への挑戦、メンバー各社の固有の問題把握と解決取り組み、Brussels Airline を例に、小規模航空会社の貢献意義等を指摘する。

　　　Address by Mark Schwab, CEO Star Alliance to the Washington Aviation Club 1st Aug. 2013.（同上）では、異なる地域がお互いから学び地球規模でビジネスを展開する航空アライアンスの果たす役割に言及する。

　　　山路顕（2010）「スターアライアンスからみえたこと」、『日本の航空百年』、（財）日本航空協会、pp.442‒443.

　　　Star Alliance Services GmbH のホームページ「Organization/Management/Careers」の項。

　　　Company Overview of Star Alliance Services GmbH, Bloomberg（2015）

（13）　山路顕（2010）「スターアライアンスからみえたこと」、『日本の航空百年』、財団法人日本航空協会、pp.441‒442.

（14）　「Star」CEO の Mark Schwab 氏からは私の取材に応じて、2015.1.17/1.19/6.27/6.30 に回答いただき、(ⅰ)全社幹部との直接討議、(ⅱ)1 社 1 議決権から新たなガバナンスの導入（2014 年末）、(ⅲ)人材のグローバル化、(ⅳ)経営における diversity の重視など詳しい説明をいただき、貴重な資料を得た。

（15）日本航空機開発協会（2015）「航空機に関する市場予測　2015-2034」、及び CAPA
　　　（Centre for Aviation）2015 より。

（16）山路顕（2017）『観光交通ビジネス』、第 4 章、p.48、成山堂、シカゴ条約（1944）
　　　では具体的な運輸権の交換についての定めがなく、二国間での航空協定に委ねられ
　　　た。同条約後、最初に締結された米英間の二国間航空協定が英領バミューダ島で結
　　　ばれ（1946.2.11）世界のモデル二国間協定となっている。以上のようにしてできた
　　　国際民間航空の枠組みを「シカゴ・バミューダ体制」と呼んでいる。

（17）山路顕（2016）「日中韓、北東アジア・オープンスカイ航空市場に向けての一考察」、『日
　　　本国際観光学会論文集』、第 23 号、pp.146-147.

（18）杉山純子（2012）「LCC の成長戦略―破壊的イノベーションを通じた新市場の創出―」
　　　『運輸と経済』、第 72 巻第 12 号では、米クリステンセン（ハーバード大学）の「持
　　　続的イノベーション」、「破壊的イノベーション」の概念を引用しながら前者を NWC
　　　の戦略に、後者を LCC の戦略に適用し、説明している。pp.51-55.

（19）村上英樹（2007）「日本の LCC 市場の現況と課題」『ていくおふ』、No.120、pp.5-6、
　　　では高級中華料理店とラーメン屋を例に垂直的差別化を説明している。この他に村
　　　上英樹他（2006）『航空の経済学』、ミネルバ書房、pp.93-95.

（20）川端達史（2014）「アメリカ航空産業の現状と今後の展望」『航空政策研究会』、
　　　No.572、p.4、p.16、では、米国 LCC の $110,000 に対して NWC では $100,000（2012
　　　年）と年収の平均が LCC の方が高く、ユニット人件費比較でも LCC の方の生産性
　　　が高いことを報告している。

（21）三好千景（2012）「LCC の EU における拡大・変遷と成長の条件」、『ていくおふ』、
　　　No.131、pp.16-24 では、LCC 成長の条件は市場の自由化だけではなく、「プロフェ
　　　ッショナルな客室乗務員が不可欠である」点を Ryanair（欧）や Southwest（米）、
　　　easyJet（欧）を例に示し、「日本では残念ながら LCC の解釈が間違って輸入されて
　　　いる」として低運賃＝低品質という誤解に言及する。

（22）花岡伸也（2007）「アジアの LCC のビジネスモデルの比較分析」、『航空政策研究会』、
　　　No473、p.51.

（23）遠藤伸明（2008）「LCC：費用構造の国際比較と国際展開の可能性」、『航空政策研究
　　　会』、No491、p.3.

（24）小島克巳・後藤孝夫・早川伸二（2007）「空港使用料の水準が LCC の経営に与える
　　　影響に関する研究」、『航空政策研究会』、No.473、p.93

（25）朝日亮太・村上英樹（2014）「サウスウエスト航空の運賃戦略の変化」、『国民経済雑
　　　誌』、210（4）：1-11、p.1.

（26）アメリカン航空、ユナイテッド航空、デルタ航空、ルフトハンザ航空、エアーフラ
　　　ンス、全日空の 2014 年度の年次報告書より分析したところ、それぞれ 80.9%、76.4%、

73.8％、83％、78.3％、77.9％であった。英国航空はイベリア航空、エアーリンガス 他と IAG グループ傘下の 1 社という位置付けでもあり、今回の分析には使用しなか った。

(27) IATA 2007 では、米系 LCC と NWC 間では 30％〜 45％、欧州系での比較では 32％ 〜 60％（いずれも 1997‐2005）の違いを示すが、近年のデータでは、運輸政策研究 機構（2013）が米系、欧州系のユニットコスト比較をそれぞれ Southwest（6.9 円） 対 Delta（7.9 円）、Ryanair（3.9 円）対 Lufthansa（11 円）と、米系 LCC のコスト優 位性が低下している。

(28) J.H.Gittell (2003) The Southwest Airlines Way, McGraw‐Hill Companies, Inc., Chapter 1, 3, 5

(29) 国土交通省　航空局（2013）「わが国の LCC の現状と課題」、p.2、p.19.

【参考文献】

ANA 総合研究所、山路顕編集（2008）『航空産業入門』、東洋経済新報社

R. Doganis 著、塩見英治他訳（2003）『21 世紀の航空ビジネス』、中央経済社

遠藤伸明（2008）「LCC：費用構造の国際比較と国際展開の可能性」、『航空政策研究会』、 No491

C.M. Christensen 著、玉田俊平太監修（2008）『イノベーションのジレンマ』、翔泳社

高橋望・榊原胖夫他（2006）『航空の経済学』、ミネルバ書房

花岡伸也（2007）「アジアの LCC のビジネスモデルの比較分析」、『航空政策研究会』、 No473

福永明・鈴木豊（1996）『ホスピタリティ産業論』、中経済社

山路顕（2010）「『スターアライアンス』からみえたこと」、『日本の航空百年』、（財）日本 航空協会

山路顕編著（2013）『航空とホスピタリティ』、NTT 出版

山路顕（2017）「航空ビジネスと観光」、『観光交通ビジネス』、成山堂

山路顕（2017）「LCC ビジネスモデルにおけるホスピタリティ・マネジメントの視点と考察」、 『HOSPITALITY』第 27 号

Bob Brotherton, Roy C. Wood (2000) Hospitality and hospitality management, In Search of Hospitality

J.H.Gittell (2003) The Southwest Airlines Way, McGraw‐Hill Companies, Inc.,

【コラム⑦】
国際航空旅客輸送とホスピタリティ

　国際航空は越境の移動インフラとして様々な人の思いを乗せ、異文化が遭遇する多目的な空間である。移動するホテルでありレストラン、観劇などの憩いの場となる。船の移動をより高速で、内陸の地点まで直結する広範囲にわたるネットワークとしてグローバル化社会にはなくてはならない重要なインフラである。左の記事は往時の機内風景であるが、空中を飛行する不安を鎮め目的に沿った快適な空間が演出されている。

（出所）United Airline 747 in 1972.

航空輸送は移動するホテル、レストラン、憩の空間
（出所）Chicago Tribune: Aug22, 2010.

　航空輸送の第一義的な商品は地点間の空中移動であり、その体系としてのネットワークである。旅客輸送として人が移動するわけだから機内での食事やサービスはこのネットワークと不可分一体のものとしてやはり航空輸送の重要な商品の一部だといえる。貨物輸送の場合には機内空間に多目的な工夫は必要とはならないから、人間、それも異なる様々な「ヒト」に目を向け歓待する思いや工夫が凝縮した空間である。

　世界の航空会社を格付けするSKYTRAX社の機内サービスの格付ではアジア、日本の航空会社がトップ5グループにランクされる。空気を読み、察して飲み物やニーズに対応する心地よさを欧米人も評価していることになる。欧州の航空会社の幹部に、そのような教育訓練をすればと進言したことがある。答えは「難しい」であった。小さい時から欲しいものは欲しいというように教育しているから、成人の客室乗務員に欲しいと言っていなくても「察する」訓練は根本から難しいのだそうである。

第7章
人間社会とホスピタリティ（○）
「グローバル人材育成」の取り組みとホスピタリティの視点

第1節　「グローバル人材育成」要請とその背景

　グローバル人材の育成が日本社会の喫緊の課題として産業界からの提言や国の政策に掲げられている（経団連 2011[1]、グローバル人材育成推進会議 2012[2]）。産業界からは「学生の職業観・職業意識の不足、内向き志向」（同経団連4頁）が指摘される。産業能率大学の「新入社員のグローバル意識調査　2015年9月」（一部上場企業を含む2015年度入社831人を対象）では、「海外で働きたくない」が毎年増え63.7％に達し（前回比＋5.4％）、理由の第一に「語学面の不安」（65.6％）が掲げられ、「生活面の不安」（46.9％）、「仕事面の不安」（31.2％）が続く。また、「外国人上司への抵抗感」を51.1％の人が示し、「留学経験無し」が84.4％に上っている。産業界が示す「学生の内向き志向」の懸念は、そのまま新入社員の「内向き志向」でもあるわけである。海外勤務に対する若手社員の意識、外国人上司についての意識についての調査結果（前掲産業能率大学）をそれぞれ図7-1及び図7-2に示す。本章ではホスピタリティが人間社会にどのように関わるのか、教育、特にグローバル人材教育に焦点を当て考える。

　グローバル化する社会を担う若者の「内向き志向」が懸念され、海外への関心を持たない若者を心配する。安全、安心が第一とされ、それが他国に比し実現している日本から危険や不安定を覚悟で「外向き」にチャレンジするのは無茶ということになるだろうか。若者の「内向き志向」は、自身で作ったわけではない。現代の20代の若者が育った時代はバブル経済が崩壊し（90

図7-1　海外での勤務を嫌う若手社員

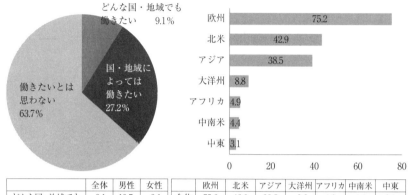

海外で働きたいと思うか

働いてみたい地域

（ピーチャート）
- どんな国・地域でも働きたい　9.1%
- 国・地域によっては働きたい　27.2%
- 働きたいとは思わない　63.7%

（棒グラフ）
- 欧州　75.2
- 北米　42.9
- アジア　38.5
- 大洋州　8.8
- アフリカ　4.9
- 中南米　4.4
- 中東　3.1

	全体	男性	女性
どんな国・地域でも	9.1	10.7	8.1
国・地域による	27.2	28.7	26.2
働きたいと思わない	63.7	60	65.7
	831人	335人	496人

	欧州	北米	アジア	大洋州	アフリカ	中南米	中東
全体	75.2	42.9	38.5	8.8	4.9	4.4	3.1
男性	74	42.7	44.8	12.5	9.4	7.3	6.2
女性	78.2	43.1	33.8	6.2	1.5	2.3	1.5
	中東	中南米	アフリカ	大洋州	アジア	北米	欧州

（出所）「新入社員のグローバル意識調査　2015年9月」（産業能率大学）より作成。

〜91年）、IT バブルの崩壊（00 〜 01 年）や山一證券の破綻（97 年）など生活の安全、安心が一気に吹き飛んだ時代だった（第 1 章第 4 節参照）。これを目の当たりにした世代が「今の若者の親」として少なからず「安全、安心の子育て」をしたに違いない [3]。また、「求められる人材像」もその時々の社会情勢に揺れ動きながら一人歩きする。ウインドウズ、iPhone など SNS により自宅に居ながら海外情報・画像を得、それまでの世代が海外に憧れた状況とも大きく異なる。日本人の海外留学も 2004 年の 82,945 人をピークに2007 年には約 2 割減少し（66,833 人）、特に 2001 年に同時多発テロのあった米国への留学は 2009 年までの約 10 年間に中国やインド、韓国の留学生が増加する中で約 47％もの減少を示し（24,842 人）、留学離れが顕著である（「産学連携によるグローバル人材育成推進会議」2011）。社会が求める「グローバル人材」の育成はこのような事態を背景に、産業界のグローバル化に向けた人材不足への危機観から「産業界の求めるグローバル人材と、大学側が育成す

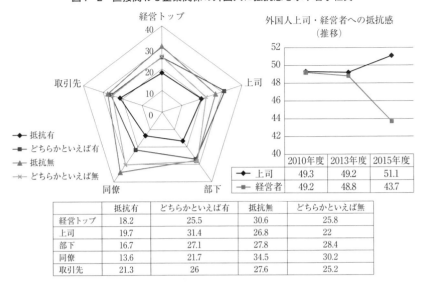

図7-2　直接関わる企業関係の外国人に抵抗感を示す若手社員

外国人上司・経営者への抵抗感
（推移）

	2010年度	2013年度	2015年度
上司	49.3	49.2	51.1
経営者	49.2	48.8	43.7

	抵抗有	どちらかといえば有	抵抗無	どちらかといえば無
経営トップ	18.2	25.5	30.6	25.8
上司	19.7	31.4	26.8	22
部下	16.7	27.1	27.8	28.4
同僚	13.6	21.7	34.5	30.2
取引先	21.3	26	27.6	25.2

（出所）「新入社員のグローバル意識調査」（産業能率大学　2015 年 9 月）より筆者作成、及び中小企業白書（2014
年度）より筆者作成。

る人材との間に乖離が生じている」（経団連 2011、2 頁）との悲鳴にも似た警
鐘に繋がる。
　「グローバル人材育成」が日本の喫緊の課題とされる一方、グローバル人
材とはどのような人材なのか必ずしも明確ではない。上述したように国や産
業界の要請では、国際経済活動に貢献する産業人が対象とされているように
見える。本章では、「グローバル人材育成」の取り組みの経緯を産官学の視
点から整理し、「グローバル」人材に求められる資質やコンピテンス（能力）
の涵養にホスピタリティの視点がどのように関わるのか考察する。
　新島襄（同志社大学の創立者）の言葉に、「大学の目的は、一時の急に応じ
る位の事にあらず」というのがある。その時々の情勢に惑わされず、しかし
グローバル化社会という方向性を睨み、高等教育において産業人に限ること
なく広く「グローバル人材」の育成にどのような教学ディシプリンを据える
べきか。グローバル・コンピテンスと親和性の高いホスピタリティの視点、

概念を教学のディシプリンとして仮説に立て、キャリア教育の知見も踏まえて考察する。

第2節　産官学の様相と知見及び先行研究の整理

1　産業界（「産」）の要請

　経団連（2011）[4]では、「大学での学修内容が、実社会のニーズを反映しておらず、学生の将来のキャリアパスに繋がっていない」（『グローバル人材育成に向けた提言』6頁）点を指摘する。その上でグローバル人材の育成に向けて大学に期待する取り組みとして「企業の経営幹部・実務者からグローバルビジネスの実態を学ぶカリキュラムの実施」が必要だとするアンケート調査（51％の企業が要望）に言及し、実社会のニーズを反映することを求めている。経済同友会（2012）[5]では、グローバル化の波を、第一の波（1980年代の製造業の海外進出）、第二の波（1990年代の生産拠点の海外化によるコスト削減）、第三の波（2000年代の販売・生産拠点の現地化）に3分類する。その上で、現在を第四の波と捉え「グローバル化を推進する人材の確保・育成」が企業の海外売上高の多寡にかかわらず喫緊の課題だとして「国際的な人材争奪戦（War for Talent）」（『日本企業のグローバル経営における組織・人事マネジメント　報告書』4頁）の時代になっていることを経営者の視点で発信している。産業界の要請ということで当然の帰結であるが、「グローバル人材」とは産業社会で役に立つ人材ということになる。

　中小企業白書（2014年度）によれば日本の企業総数の0.3％に当たる大企業（1.1万社）が、従業員総数（4,614万人）の30.3％、総売上高（1,374.5兆円）の55.6％を占める。一方、経産省の「企業規模別のグローバル人材需要調査」（2012）[6]ではグローバル人材を2017年時点で「全く必要と考えていない」企業は、小規模企業（299人以下）で70.2％、中規模企業（300～1,999人）で54.3％、大規模企業（2,000人以上）は27.1％で、必要と答えた企業は常用雇用数の1割程度であると報告している（図7-3参照）。以上から、大学における「グローバル人材育成」の命題は、日本企業全体の求めというよりは

図7-3　グローバル人材の企業実態

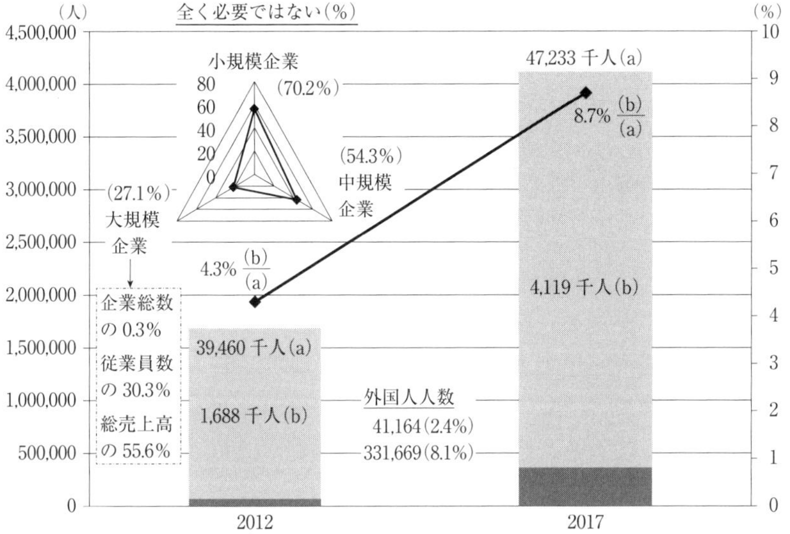

（出所）経済産業省「大学におけるグローバル人材育成のための指標調査」経済産業政策局（2012 年 3 月）、
　　　 及び「中小企業白書」（2014 年度）より著者作成。

少数の大企業から発せられた要請に強く影響されることが窺われる。

　「グローバル人材育成」課題は大学教育への期待と同時に、あるいはそれ
以前に、企業内の社員教育やキャリアパスの問題として重要であるが、上記
レビューの如く企業の業態や規模にも関係し、何より個々の企業の経営戦略、
海外戦略、人事政策（キャリアパス、昇進・登用政策など）に深く関わる。こ
れら戦略や人事政策の非公開性に鑑みると、産業界からの要請の底辺に依然
として不透明な部分があることも否めない。人事面など企業内部の処遇に関
わるシステムの透明性や改善も喫緊の課題と言わなければならない。「グロ
ーバル人材育成」は育成の問題であると同時に企業における処遇の問題であ
ると言える。まずは産業界の視点整理をしてみた。

2 国、行政（「官」）の政策、事業

　課題人材育成の先駆的試みとして掲げられるのは、経産省が主導し文科省が協同する「産学人材育成パートナーシップ」の創設（2007 年 10 月）である。ここでは経済のグローバル化と人口減少社会という国内市場の縮小化を迎え企業経営のグローバル化が急務とされる中でグローバル環境に対応できる人材の育成・活用を進めることが喫緊の課題だとして産学横断的な取り組みを提起している。更に、2010 年の報告書『産学官でグローバル人材の育成を』では、「グローバル人材」の定義が試みられている。すなわち、①社会人基礎力を備え、②外国語（英語）でコミュニケーション能力を持ち、③異文化理解・活用力がある人であるとして、「グローバル人材の育成」は日本社会全体で取り組む問題だとしつつ「特に、社会と接続した教育機関である大学での育成を充実させることが重要である」（46 頁）と指摘する。

　文科省の所管では、海外に開かれた日本の大学として国際競争力を高める観点から留学生の受け入れを促進する「国際化拠点整備事業（グローバル30）」（「留学生 30 万人計画」）の立ち上げがある（2009 年度 13 校の採択）。更に、文科省は、日本人学生の「グローバル人材育成」に向けて、「産学連携によるグローバル人材育成推進会議」（2010 年 12 月 7 日）の下で『産学官によるグローバル人材の育成のための戦略』（2011 年 4 月 28 日）の「現状と課題」の項（3 頁）で「グローバル人材」の定義を示している。すなわち「グローバル人材とは、日本人としてのアイデンティティを持ちながら、広い視野に立って培われる教養と専門性、異なる言語、文化、価値を乗り越えて関係を構築するためのコミュニケーション能力と協調性、新しい価値を創造する能力、次世代までも視野に入れた社会貢献の意識などを持った人間」と答申している。これを踏まえ文科省は、日本の大学の国際競争力の向上を目的に、海外の卓越した大学との連携や大学改革の徹底した国際化を求め、グローバル社会で活躍できる人材の育成を支援する事業として「スーパーグローバル大学創生支援」（2014 年度）を導入し、全国 37 校を採択した。

　最後に、政府の取り組みとして「グローバル人材に対する経済的社会的な需要・期待は、国境を越えた市場の拡大や海外での現地生産の強化等に対応

した厚みのある中核的・専門的人材層の需要へと急拡大する様相を呈して」⁽⁷⁾いるとして「新成長戦略」（2010 年 6 月 18 日閣議決定）の下に「グローバル人材育成推進会議」を設置する（2011 年 5 月）。その中で「審議まとめ」として「グローバル人材育成戦略」を答申し（2012 年 6 月 4 日）、「グローバル人材」の概念⁽⁸⁾を以下のように整理している。

　　要素Ⅰ：語学力・コミュニケーション能力
　　要素Ⅱ：主体性・積極性、チャレンジ精神、協調性・柔軟性、責任感・
　　　　　　使命感
　　要素Ⅲ：異文化に対する理解と日本人としてのアイデンティティ

　この「審議まとめ」の定義は、上述経産省の「指標調査」では「曖昧」だとされ具体的な項目⁽⁹⁾に置き換えている。国の行政機関としての取り組み、政府の政策や戦略、経済団体の「グローバル人材育成」に向けての提言等についての相関を系列的に表 7-1 に整理した。

　日本の経済に直結する産業界の実情に鑑み、高度人材を教育、育成する大学教育に照らし、各省庁の所管としてまた国の観点から「新成長戦略」の中に「グローバル人材」を位置付けた経緯が見て取れる。この中で、経産省が逸早く取り組んだことからも、「グローバル人材育成」とはグローバル経済・産業社会で活躍し日本経済に貢献できる日本企業の求め、経済・官主導型の人材育成であることが窺える。

3　「学」の視点

　吉田（2014）⁽¹⁰⁾では「『グローバル人材』という言葉は新しく、英語由来の言葉ではない」としつつ「実態を持たない作られた言葉なのかというと、必ずしもそうではない。労働経済学や経営学の領域においては、日本企業が海外進出する中で雇用した、従来とは異なるタイプの従業員を指す」と指摘する。掲記する論文（『日本労働研究雑誌』2012 年 6 月特集「グローバル経営と人財育成」）では、産業界の示す人材概念に立脚する論考が多い。3.1、3.2 でレビューしたように、産官における「グローバル人材」の概念や定義は経済活動に従事する人材に傾いている。教育界ではこれを含みつつも、より幅広

168

表7-1 「グローバル人財育成」に向けた官民の取り組み

「グローバル人材育成」の概念（定義）の構築に向けた官民の取り組みの経緯

	経産省	文科省	政府	経団連	経済同友会
2007.1 2008.7	「産学人材育成パートナーシップ」；グローバル経済社会に対応できる人材の育成・活用	「国際化拠点整備事業（グローバル30）」策定；留学生の受け入れ、大学の国際化（内なる国際化）			
2009.8	『今後の取り組みの方向性』；英語力涵養、海外渡航促進				
2010.4 2010.6	『産学官でグローバル人材の育成を』；①社会人基礎力、②英語によるコミュニケーション能力、③異文化理解、活用力	「産学連携によるグローバル人材育成推進会議」（2010.12.7）	「新成長戦略」（閣議決定 6.18）；グローバル人材育と高度人材等の受け入れ、経営層の国際経験促進		
2011.4		『産学官によるグローバル人材の育成のための戦略』；日本人のアイデンティティを持ち、広い視野に立った教養と専門性、異なる言語、文化、価値を乗り越え構築するコミュニケーション能力と協調性、価値創造力、次代の社会貢献			
2011.5			「グローバル人材育成推進会議」		
2011.6 2012.4 2012.6			『審議まとめ』（2012.6.4）Ⅰ：語学力、コミュニケーション力 Ⅱ：主体性、チャレンジ精神協調性、責任・使命感 Ⅲ：異文化理解、日本人のアイデンティティ	『グローバル人材の育成に向けた提言』（6.14）；日本企業のグローバル・ビジネスで活躍する日本人、外国人材	『日本企業のグローバル経営における組織・人事マネジメント』（報告書）；①グローバル経営を担う②グローバル環境下で働く、③グローバル下でローカル経営を担う、④各地域で活躍する

(出所) 各所出典の資料より筆者作成（各出典は表中「　」、『　』で標記）。

い教育観に基づく捉え方が求められるだろう。

　深川（2013）[11] では、「グローバル競争の中で日本企業の劣後が目立つようになり、その要因としてグローバル人材の量的、質的不足が叫ばれるようになった」と指摘する。その上で、特に韓国企業、中国企業との競争力の低下の理由を、迅速な経営対応力を欠く点や優秀な人材確保の障壁となる不明

確なキャリアパスや遅い昇進システムなど日本企業内部に問題があることに
言及する。更にこの文脈で「『グローバル人材』とはどのような人材なのか
を具体的に自覚できていない大企業はいまだに少なくない」とし、「これで
は大学に出来ることはせいぜい、英語や異文化コミュニケーションのカリキ
ュラム充実といったレベルに留まってしまう」と指摘し産学間で課題認識と
対処策に埋めるべき溝があることを示す。この指摘は、いみじくも「（人材の）
求め側」と「（育成の）担う側」といった構造を暗に摘出し、本章の問題意
識にも繋がる。深川では更に、本章第2節1項に示した経団連の「経営幹部・
実務者から学ぶカリキュラム」についても「数少ないグローバル・キャリア
の成功者は極めて多忙で大学に派遣するような余裕が無かったり、また実務
は出来ても学生のレベルに合わせて話す技術や訓練を受けていない」（199-
200頁）ことなどを掲げ産業界との意識のずれを示す。

　角谷（2015）[12] では、国のグローバル人材の育成政策は「これからの日
本の教育の在り方に規範的に影響してゆく」（9頁）大きな問題だとしながら、
「経済的な面のみに関するものであり、さらに日本政府や日本社会が追究す
る望ましい将来図が示されているものでもない」（9頁）点を指摘する。更に、
教育学の観点から「これからの社会にうまく適合する人材よりも、これから
の社会をより良いものにしてゆく人材」（17頁）として教育界の側にこれか
らの社会を見据えた教育ビジョンを求める。大学教育における視点の一つと
して本考察の視野に入れておきたい。角谷は同論文中でグローバル人材育成
論の先駆けとなるイギリスの「グローバルシチズンシップ」論に触れ、「元々
が英語を母国語とするメジャーな国々による秩序や活動の結果として現れた
地球規模での問題を反省的・批判的に取り上げるのがグローバルシチズンシ
ップ論」であることに言及し「無批判に英語能力の獲得に血道を上げる方向
性には、それ自体にグローバルな意識が欠けている」と指摘する。前掲経団
連（2011）からすれば「大学側が育成する人材との乖離」（同2頁）として依
然考えの隔たりとなるのであろうか。

　七井（2013）[13] は経営学の視点から経済同友会の示した前掲報告書（本章
第2節1）の提示するグローバル経営の要となる『Ⅲ．グローバル経営を加

速する組織・人材マネジメント手法』[14]について検証し論を展開する。す
なわち、「全地球的なもの」という本来の「グローバル化」の意味に沿えば、
グローバル化を担う人材も企業が国境を越えて広く登用する人材であり、「究
極的には企業は国家を超えて無国籍化することも想定される」（97頁）のと
同様に「母国を一つの地域としてみなす無国籍型の人材と言える」（99頁）
と説く。「グローバル人材」という言葉は国際経営論等において、多国籍企
業で働く人材として捉えられてきた概念だとした上で、グローバル化の度合
いとの関係性の中で「日本人が企業の国籍や働く場所（地域や国）に制限さ
れることなく働いていけるだけのスキルや能力、資質、経験を備えることこ
そが、真のグローバル人材の育成であるということである」（101頁）と論を
展開する。第2節1項、第2節2項で整理した官民の提言、政策にみる、日
本人としてのアイデンティティを備えた日本企業の国際競争力を担う人材と
いう視点を更に進め、育成される側からは「日本」という枠が外れることも
内包しているとするのである。この論旨では、再び前述した産官と学の間の
克服し難い視点の「乖離」という議論の繰り返しになるのだろうか。

　「グローバル人材」とキャリア教育との関係では、糸井（2015）[15]はキャ
リア教育が意識改革による社会との繋がりの教育から「積極的に社会と関わ
り、知識や技能を習得して自分の能力を活かして生きてゆく人材の育成へと、
その重心が移ってきている」点を指摘する。その上で「グローバル化した多
文化共生社会を生きる時代として理解させ意識改革を図るとともに生きる時
代に必要な知識と技能、態度を身に付けさせる教育と捉え直すと、今日のキ
ャリア教育は『グローバル人材を育成する教育』である」（93頁）とする。
キャリア教育の視点で課題人材育成を捉えると、「グローバル人材」とはビ
ジネスの領域を超え広く社会に貢献する人材と捉えることである。

　以上、「グローバル人材育成」について産官学それぞれの視点を提言や知見、
先行研究を通して整理した。「グローバル人材」は社会共通の求めであるが、
産業社会においても企業の規模や経営政策、社内の処遇やキャリアパスの点
でばらつきも大きい。これら産官の要請を睨む研究者の先行研究においては
幅広く、本質を質す考察も見られる。また、キャリア教育の視点からは、産

業人に限らず広く社会や次代に貢献する人材と捉える点も指摘した。

　ここまでグローバル人材ということについてかなり詳細な現状分析をした。グローバル人材という幅広いテーマをホスピタリティというこれまた幅広い概念で考察するにあたって論点の整理、明確化が何より重要であったからである。以上の問題把握を踏まえて、では高等教育の場で「グローバル人材」教育をどのように位置付けるのかホスピタリティの視点で考えてみたい。

第3節　「グローバル人材育成」とホスピタリティの視点

1　「グローバル人材育成」におけるホスピタリティの視点と背景

　まず、ホスピタリティが日本社会に登場した背景やホスピタリティの定義・概念付けについてはそれぞれ第1章、第3章で詳しく述べたので参照して欲しい。「グローバル人材育成」におけるホスピタリティの教学的視点という角度で論点を指摘すれば以下のような点がリマインドできるだろう。

　ホスピタリティとは異なる他者を寛容性の精神で受容し共生を目指す考えであり概念（異人歓待を原義とする）である。グローバル化が進み、好むと否に関わらず我々は世界の多様な文化や考えに触れ合う多文化共生社会に生きている。暴力がいけないことは誰でも分かるが、直接的な力による暴力だけが暴力ではない。文化の違いや社会の構造に潜む偏見や差別も平和を脅かす暴力である。無知や無関心が我々を知らない間に偏見や差別という暴力の当事者にしてしまうこともあるのである。教育という場では多文化共生社会を担っていく若者に、異なる文化や考えに対しての鋭い、また寛容な意識の涵養は避けて通ることができない。

　日本社会が「モノ」によって支えられてきた「豊かな時代」（貿易立国）は終わり、「ヒト」や「人の交流」に国の基盤を置く観光立国と平仄を合わせるようにホスピタリティという言葉が日本に登場してきた（王 2014）[(14)]。2017年の訪日外国人は 2,869 万人で過去最高を記録し 2018 年の上半期で既に過去最高の 1,589 万人を達成している（JNTO 発表 2018 年 7 月 18 日）。国が計画する 2020 年の訪日外客数は 4,000 万人を見込み（「観光立国推進基本計画」

2017年3月28日閣議決定）、東京オリンピック、パラリンピックも予定されている。「海外離れする若者達」は海外に出なくても日本で異なる文化や言語・考えを持つ人達に接する機会が益々増え、考えを交え交流してゆくことになる。

　奇しくも上述国が策定する観光立国推進基本計画の中で「訪日外国人旅行者との触れ合いを日常のことと考える意識の醸成が進み、世界で生きぬく力や世界で通用する素養が身に着く」点を重視している。グローバル化する社会で求められる「意識」や「素養」は国際経済に従事する人材だけに限られるものではない。大学における「グローバル人材教育」は国際経済に関わる人材の育成という分野で考えるだけでは充分ではないのである。

2　「グローバル人材」とホスピタリティの視点、概念の整理

　ホスピタリティとは印欧祖語に淵源を置き、古フランス語を経て英語のhospitality の語源となったラテン語の「好もしい余所者」（hostis）であり、かつ「余所者を厚遇する主体者」（hospes）を意味する概念を原義とする（佐々木・徳江 2009）[17]。古代ローマの時代には国や国境は存在しない「原始グローバル時代」とも言える時代であっただろう。絶え間なく続く異民族との紛争下で、領土の拡大や維持をする上で「好もしい、自分に危害を加えない余所者（異文化、他民族）」を戦略的な寛容性の精神で受容する英知がホスピタリティの原義となる概念である。第1章ではホスピタリティへの関心が女子学生に高く男子学生に低いデータを示した（表1-2、図1-1）。サービス産業がお客へのサービスにホスピタリティを位置付けるためにこのような結果が出るとも考えられるが、原義からすると男子学生がグローバル化社会に目を向けてホスピタリティにもっと高い関心を持っていいはずである。

　ホスピタリティの先行研究ではその概念に現代社会を投影する様々な定義付けが試みられているが、いずれの定義においても「人間」や「人間関係」を律するものとしてホスピタリティを捉えている。このホスピタリティが対象とする「人間」、「人間関係」の点から第3章で先行研究を2つの視点で整理した。一つは「人間」を個としての「ひと」として捉える考え方であり、

表7-2　グローバル人材とホスピタリティの概念比較

グローバル人材の概念	ホスピタリティの概念
日本人としてのアイデンティティを持ちながら、広い視野で培われる教養と専門性、異なる言語、文化、価値を越えて関係構築するコミュニケーション能力と協調性、価値創造する能力、次世代も視野に入れた社会貢献の意識等を持った人間（※1　文部科学省「産官学によるグローバル人材の育成のための戦略」2011年4月28日）	Ⅰ．人間（「ひと」）を対象と捉える視点 ・他者を受け入れ、他者に対して心を用いて働きかけ信頼関係づくりを行って、お互いに補完し合い何かを達成してゆく心と頭脳の働き（吉原　2004）
日本企業の事業活動のグローバル化、グローバル・ビジネスで活躍する（本社の）日本人及び外国人人材（※2　経済団体連合会「グローバル人材の育成に向けた提言」2011年6月14日）	・異種の要素を内包している人間同士の出会いの中で起こる触れあい行動であり、発展的人間関係を創造する行為　（古閑　1994） ・人間同士の関係において、より高次元の関係性を築くべく「相互」にもつ「精神」や「心構え」であり、それに伴って応用的に行われる「行為」も含む（佐々木・德江　2009）
要素Ⅰ：語学力・コミュニケーション能力 要素Ⅱ：主体性・積極性、チャレンジ精神、協調性・柔軟性、責任感・使命感 要素Ⅲ：異文化理解と日本人としてのアイデンティティ（※3　グローバル人材育成推進会議「グローバル人材育成戦略（グローバル人材育成推進会議　審議まとめ）」2012年6月4日）	Ⅱ．広く人間社会を対象と捉える視点 ・人類が生命の尊厳を前提とした、個々の共同体若しくは国家の枠を超えた広い社会における、相互性の原理と多元的共創の原理からなる社会倫理（服部　1995）
企業のグローバル経営を加速する①グローバル経営を担う、②グローバル環境下で仕事ができる、③グローバル成果の意識下でローカル経営を担う、④各地域で活躍する、これらの人材の総体（※4　経済同友会「日本企業のグローバル経営における組織・人材マネジメント　報告書」2012年4月25日）	・戦略的寛容性の精神として国や地域、共同体等の制約を超え、多元的な共生関係や価値を形成する理念（山路　2015）

（出所）筆者作成。

　もう一つは「人間」が構成する「人間社会」という視点から捉える考え方である。

　本章でグローバル人材教育にホスピタリティの視点を教学ディシプリンとして位置付けるに当たっては、ホスピタリティのこの二つの視点が相互に関わり合って作用するだろう。マクロな視点でグローバル社会を捉えながら、接する他者はいわばホスピタリティのミクロ的な個の視点が作用するからである。ホスピタリティの概念や視点が、「グローバル人材」のコンピテンスを涵養する教学のディシプリンに位置付ける上で表7-2に両者の相関する

概念整理、概念比較を示した。

第4節　大学教育における「グローバル人材育成」と
　　　　ホスピタリティの視点

1　「グローバル人材育成」をホスピタリティの視点で考える

　「グローバル人材」の育成は日本社会、経済を支える喫緊の課題であり産官学が連携して取り組む事業として高い注目が向けられていることは新聞紙上での記事の取り扱い件数にも反映している（図7-4）。これは産官での取り組みの時期（前掲表7-1）に呼応し、「グローバル人材育成」が官主導の産業経済イシューとしてメディアを通して（他の全国紙に比べ日経新聞での扱いが多い）社会の喫緊の課題として国民の間に意識付けられたことが窺える。一方、第2節で「グローバル人材育成」に向けての産官の取り組みを整理し、

図7-4　「グローバル人材」の紙面登場件数の推移

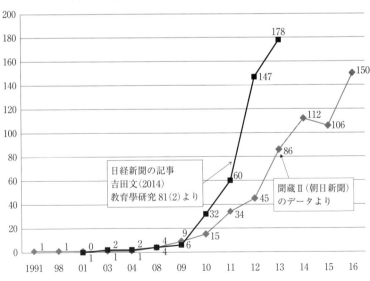

（出所）吉田（2014*）のデータ、聞蔵Ⅱより筆者作成　（*脚注（10）参照）。

図 7-5　海外にチャレンジすることと公務員への道
—学部別の傾向（1）—

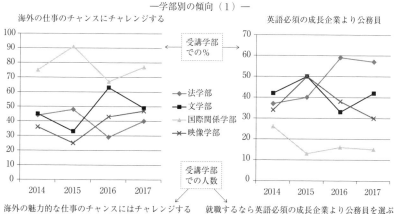

	2014	2015	2016	2017
法学部	44	48	29	40
文学部	45	33	63	49
国際関係学部	75	91	67	77
映像学部	36	25	43	47

海外の魅力的な仕事のチャンスにはチャレンジする

	2014	2015	2016	2017
法学部	37	40	59	57
文学部	42	50	33	42
国際関係学部	26	13	16	15
映像学部	34	50	38	30

就職するなら英語必須の成長企業より公務員を選ぶ

「仕事とキャリア」（*）（2014 年 -2017 年）でのアンケート結果　（n=178）
（*）「働くこと」、「社会と関わる自己」について様々な社会の第一線で活躍する方々を講師に招き、事前学習、グループ討議を重ねてキャリア形成を展望する 2 回生からの学部・学年横断型の正課科目。立命館大学衣笠キャンパスでの開講学部：法学部、文学部、産業社会学部、国際関係学部、映像学部
（出所）図中記載のアンケートデータより筆者作成（脚注（18）参照）。

　先行研究に敷衍しながら検証したところ、産官学の間で必ずしも一枚岩ではない。更に言えば、教育という観点で考える時、学生の成長や発達にこの「グローバル人材育成」要請がどのように作用し資するのか。対象者となる学生の視点は「内向き志向」という括りでいいのか。産業社会や国の政策、研究者の間で視点のベクトルや重心位置に違いがあることは課題テーマの性格から致し方のないことなのか。大学教育が実社会に貢献する「グローバル人材」の資質やコンピテンスを涵養することは、産業人材に限ることなく広くグローバル化社会で貢献する学生の成長や意欲を引き出す上で、明確な指針や学修プランが求められる由縁である。
　若者の海外離れや外国人上司への抵抗感などが指摘されていることに本章

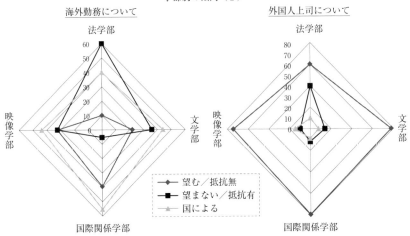

図7-6 海外勤務、外国人上司について
―学部別の傾向（2）―

「学びとキャリア」(*)（2017年5月31日）でのアンケート結果　（n=181）

(*) 自己実現、キャリア形成の舞台となる社会、及び社会と関わる自己について様々な学問的視点から考え、大学での学びを展望するアクティブラーニングを導入した低学年からの学年横断、学部横断型の正課科目。衣笠キャンパスでの開講学部：法学部、文学部、産業社会学部、映像学部

(出所) 図中記載のアンケートデータより筆者作成（脚注（18）参照）。

第1節で触れた。一方、同様のアンケートを勤務校である総合大学で試みると学部によって微妙な留意点に気付く。海外でのチャレンジについては法学部の学生は一様に関心が低く（他方、国際関係学部の学生の関心は高い）、一方では公務員への希望は高い（図7-5）。また、外国人上司への抵抗感は法学部の学生は高いが、国際関係学部の学生では抵抗感が小さい[18]（図7-6）。

　海外に目を向けないことを「内向き志向」とする指摘で、このような専攻学門における特性や要素も検証されただろうか。更に言えば、このような専攻学門、学びの特性も視野に入れた上でグローバル化ということ、「グローバル人材」ということを意識に置き大学教育の目指すグローバル人材教育が設定されなければならないだろう。

表7-3　ホスピタリティと人材教育に関する研究

主な研究域	論点
□ホスピタリティ教育とホスピタリティの実践	対人関係における対応力の涵養にホスピタリティ教育が必要だとして、ホスピタリティ授業の内容を示す研究。石丸（2010）-1
	観光のみならず広くサービス産業、更には日常生活でのホスピタリティの実践の授業プログラムの開発についての研究。辻・齋藤（2009）-2
	日本とアジアの相互理解のこころを育む教育のコアとなるホスピタリティを北東アジアで連携初等教育として実施する提言。雨宮（2009）-3
	英語教育をホスピタリテイ産業における発信者、受信者の相互理解の点でポライトネス表現の有効性について考察。深谷（2005）-4
□人材育成とホスピタリティの視点	ホテル産業で求めるホスピタリティ能力の向上に、感性教育の視点からEQテストの実施例を検証。古閑（2004）-5
	外的環境の質的変化の中で組織に有為な人材の育成に、相互関係、相互作用を重視するホスピタリティの概念から組織でのポジションと対応する能力発揮の態様を関連付け提唱する。吉原（2001）-6

※1　「大学生のホスピタリティに関する認識と理解」『Bulletin of Kyoto Koka Women's College』48、pp.93-111
※2　「ホスピタリティ実践教育へのアプローチ」『Jiyugaoka Sanno College Bulletin』42、pp.61-93
※3　「新教育交流による共生社会の基礎づくり」『富山商船高専　研究論集』42号、pp.1-9
※4　「ホスピタリティ英語におけるポライトネス表現戦略（1）」『紀要 CANPANA』11、pp.15-29
※5　「ホスピタリティとEQ」『嘉悦大学研究論集』46巻第2号、pp.37-51
※6　「ホスピタリティを具現化する人財に関する一察」『長崎国際大学論集』第1巻、pp.281-290
（出所）表中の各論文より筆者作成。

2　グローバル人材教育の教学ディシプリンとホスピタリティの視点

　では、大学教育の中で「グローバル人材育成」をどのような学修コンテンツで行うことができるのか、ホスピタリティの視点や概念をディシプリンとする学修プログラムの検証に際し、第3節でホスピタリティの視点や概念について先行研究を通してレビューした。更に第2節の検証を通して、官民（国の指針・事業、産業界の提言）で求める「グローバル人材」の概念とホスピタリティの概念にはコアの部分において密接な関係があることを表7-2に示した。ホスピタリティと教育、人材育成についての研究は散見されるが、ホ

表7-4　グローバル・コンピテンスとホスピタリティの視点（筆者作成）

グローバル人材の資質・コンピテンス[※]	ホスピタリティの視点
□社会人としての基礎力 　✓主体性・積極性、チャレンジ精神、協調性・柔軟性、責任感・使命感	・異種の要素を内包する人間同士が、
□日本人としてのアイデンティティを持ち異文化理解する 　✓広い視野の下で培う教養と専門性 　✓異なる文化・価値の理解と寛容性 　✓関係を構築する言語・コミュニケーション力	・国や地域の制約を超え、 ・他者に対して働きかけ、 ・より高次元の関係性を築く、 ・多元的な共生関係や価値を形成する、
□グローバル環境下でビジネス活動、事業参画する 　✓海外環境下で仕事をし、成果を上げる力	・精神や理念、行為を促す。

※ 官民の取り組みからグローバル人材の資質・コンピテンスを抽出。

スピタリティを学びの対象とするものや産業の領域における人材育成ツールとするものが多い（表7-3）。グローバル人材教育の教学ディシプリンとしてホスピタリティの視点や概念を考察する研究はまだこれからに俟たれる。「他者」、「異種の要素を内包する人間同士」が、「国や地域、共同体の制約を超え」、「他者に対して働きかけ、信頼関係づくりを行って」、「より高次元の関係性を築く」、「多元的な共生関係や価値を形成する」精神や理念、行為を促すホスピタリティの視点や概念は、「グローバル人材」を形成する、乃至は構成する資質やコンピテンスの根幹に位置付けることができるのではないか。産官学の連携における本章課題についての大学の役割は、求められる「グローバル人材」というアウトプットを構成する個々の資質やコンピテンスをインプット（涵養）することにある。「グローバル人材」という「型」や「マナー」を教えるものでないことは言うまでもない。学生が「他者」や「異なる考え、価値観」に寛容な姿勢で向き合い受容することのできる自律的な資質やコンピテンスを身に付けるホスピタリティの視点による学修プログラムが求められているのである。

　以上を所与として、グローバル人材の資質・コンピテンスとホスピタリティの視点を対照させたものが表7-4である。本項では「グローバル人材」

に必要とされる資質やコンピテンスを涵養する大学教育の教学ディシプリンとしてホスピタリティの視点や概念に基づく学修プログラムが求められている点について述べた。前出（第 6 章第 2 節）グローバル・アライアンス事業（山路 2010）[(19)] では、Bilateral の枠の外にあるパートナー間の関係やビジネスにも Multilateral という多義的でより広い視点が求められることについて触れた。更には、ビジネスの場面においても必要となる異文化間の人間関係の構築に、個人の持つ教養や文化的関心、個性や人生観は仕事のスキル以上に重要な他者との接点となる。グローバルビジネスでは異文化や異なる価値観に向き合うことは当然であるし、時として宗教観も超えながら幅広い教養や人間性が重要な要になる。以上、産業人材をドメインにする文脈においてもその基礎にある幅広い教養や資質の涵養が重要となる点について付言した。課題「グローバル人材育成」教育においては、実務スキルの獲得を超え個々の人間的な魅力の醸成を見据えた学修プログラムが求められるのである。

第 5 節　教学のディシプリンに向けて

　ビジネス社会の域に留まらず「グローバル人材育成」はこれからの社会を支えてゆく日本の喫緊の課題であり、産官学の連携が求められている。課題テーマについては経産省の取り組みが先駆的な役割を果たし、文科省の事業、政府の政策に反映され、その後に産業界からの提言等が出された。前出深川（2013）の「『グローバル人材』とはどのような人材なのかを具体的に自覚できていない大企業はいまだに少なくない」とする指摘は、企業内におけるキャリアパスや人事面での対応の不透明や未整備にも連動し、真の産官学の連携に関わる部分である。

　社会が求める「グローバル人材育成」において、コアとなる資質やコンピテンスの涵養は学の知見を動員した学修プログラムに委ねられている。本章ではその一考察としてホスピタリティの視点、概念をディシプリンとした「グローバル人材育成」学修プログラムについて考察した。具体的な教育科目や科目の体系化など大学教育での位置付けについてはなお検証が残っている。

　また、ホスピタリティをディシプリンとする教育実施による効果測定の指針や手法についてもこれからの課題である。

　ホスピタリティが、人間社会を掌る教育、就中、グローバル人材育成という現代的課題での意義や現代社会との関わりは業界用語というホスピタリティの域を超えている。否、業界用語に位置付けられた捉え方では導き出せない現代社会における実際的な意義であり価値であると言える。

注

（1）（社）経済団体連合会『グローバル人材の育成に向けた提言』、2011 年 6 月 11 日。

（2）グローバル人材育成推進会議『グローバル人材育成推進会議　審議まとめ』、2012 年 6 月 4 日。

（3）日本経済新聞　2011 年 2 月 22 日「20 代が育ってきた日本」では企業や経済の破綻など現代の 20 歳代の親に与えた影響などを纏めている。

（4）（一社）日本経済団体連合会『グローバル人材育成に向けた提言』、2011 年 6 月 14 日、p.6.

（5）（公社）経済同友会『日本企業のグローバル経営における組織・人事マネジメント』、2012 年 4 月 25 日、pp.3‐4.

（6）経済産業省「大学におけるグローバル人材育成のための指標調査」中の『第 2 章 企業におけるグローバル人材の採用・確保について』経済産業政策局、2012 年 3 月、pp.14‐22.

（7）グローバル人材育成推進会議『グローバル人材育成戦略』、2012 年 6 月 4 日、p.1.

（8）グローバル人材育成推進会議『グローバル人材育成戦略』、2012 年 6 月 4 日、p.8.

（9）前掲経産省「大学におけるグローバル人材育成のための指標調査」、2012 年、p.6.

（10）吉田文（2014）「グローバル人材の育成と日本の大学教育」『教育學研究』、81（2）、pp.28‐29.

（11）深川由紀子（2013）「日本の国際競争力再構築とグローバル人材育成」『国際社会における日本の競争の確保のために必要な政策』、日本国際問題研究所、pp.194‐204.

（12）角谷昌則（2015）「グローバル人材育成論の教育思想の探求」『広島国際大学 心理学部紀要』、第 3 巻、2015 年、pp.9‐18.

（13）七井誠一郎（2013）「日本企業におけるグローバル人材の不足と大学教育」『城西国際大学研究論文』、pp.91‐104.

(14) 同報告書では、グローバル経営に関わる人材を4分類し、①多様な人材を束ね、イ
　　　ノベーションを牽引する「グローバル経営人材（グローバルリーダー）」、②グロー
　　　バル環境で仕事をする「グローバル人材」、③グローバルで成果を出すことを意識し
　　　ローカル経営を担う「ローカル経営人材」、④各地域で活躍する「ローカル人材」、
　　　これら全体を「グローバル人材」と位置付ける。

(15) 糸井重夫（2015）「グローバル社会における体系的キャリア教育」『松本大学研究紀要』、
　　　第13号、pp.91-101.

(16) 王文娟（2014）「『ホスピタリティ』概念の需要と変容」『広島大学マネジメント研究』、
　　　15、p.50.

(17) 佐々木茂・徳江順一郎（2009）「ホスピタリティ研究の潮流と今後の課題」『産業研究』
　　　第44巻第2号、pp.2-3.

(18) 立命館大学の全学横断型キャリア形成科目「学びとキャリア」、「仕事とキャリア」
　　　の受講生それぞれ178人、181人を対象にしたアンケート結果をまとめたもの（図
　　　7-5は2014年度から2017年度の4ヵ年を対象に、また図7-6は2017年5月31日
　　　実施したもの）。

(19) 山路顕（2010）「スターアライアンスから見えたこと」『日本の航空百年』、（財）日
　　　本航空協会、pp.441-444

【参考文献】

伊豫谷登士翁（2002）『グローバリゼーションとは何か』、平凡社新書

梅森直之（2007）『ベネディクト・アンダーソン　グローバリゼーションを語る』、光文社
　　　新書

加藤恵津子・久木元真吾（2016）『グローバル人材とは誰か』、青弓社

K.S. シタラム著、御堂岡潔訳（1985）『異文化コミュニケーション―欧米中心主義からの
　　　脱却』、東京創元社

駒井洋（2015）『グローバル人材をめぐる政策と現実』、明石書店

崎山治男（2005）『心の時代と自己―感情社会学の視座』、勁草書房

チップ・ウオルター著、梶山あゆみ訳（2007）『この6つのおかげでヒトは進化した』、早
　　　川書房

服部勝人（2006）『ホスピタリティ・マネジメント学原論』、丸善出版

本田由紀（2005）『多元化する能力と日本社会』、NTT出版

本田由紀（2009）『教育の職業的意義―若者、学校、社会をつなぐ』、筑摩書房

山路顕編著（2013）『航空とホスピタリティ』、NTT出版

山路顕（2008）「『スターアライアンス』から見えたこと」、『日本の航空百年』（財）日本
　　　航空協会

山路顕（2017）「グローバル人材育成におけるホスピタリティの視点と考察―キャリア教
　育の現場を通して」、立命館高等教育研究　第17号

Alan Burton‐Jones, Knowledge Capitalism, Oxford University Press, 1999

Conrad Lashley and Alison Morrison, In Search of Hospitality, Butterworth‐Heinemann,
　2000

David K. Hayes and Jack D.Ninemeier, Human Resources Management in the Hospitality
　Industry, John Wiley & Sons Inc., 2009

【コラム⑧】

笑顔と人間とホスピタリティ

　米国留学で、アメリカ人は何故目が合った時に微笑むのか考えたことがある。学生時代の留学で既に経験していたことだから当たり前になっていたが改めて考えるといろいろなことが笑顔には関係していることに気付いた。

　『この6つのおかげでヒトは進化した』（早川書房、2007年）の著者チップ・ウオルター（米国人人類学）は、人は何故笑うのか科学的には解明されていないという。人間は直立2足歩行を実現したことで骨盤の形が変わり、小さく未熟な状態で子供を産むようになり、それで他の動物とは異なり誕生後も長く親の保護が必要となった。生後、目が見え始める頃から現れる「笑い」は親の保護を得るための生死をかけた営みだという。このようにして「笑い」は人類の生存と進化の中に組み込まれてきたのである。さらには、「笑い」には強力な治癒力があることが近年確認されているようである。

　「笑い」が、洗練された人間関係の非言語コミュニケーションであることは誰しも経験で知っている。こうしてみると「笑い」は人種や国籍を超えた人間らしさのシンボルとも言える。留学時にアメリカ人が見も知らない日本人に「微笑」を向けていたことが思い出される。メイフラワー号に乗って新大陸を生活の地にしたときには先住民に対して、まず自分が敵ではないことを「微笑」で示す必要があったであろう。異人歓待が成立するシグナルとして「微笑」が作用していたとすれば、サービス業での「微笑」も商売の小道具と決め付けられないかもしれない。更には、「笑い」が人種や国籍を超えた「人類」に根差した行為だとすれば、免疫力という働きを通して人類の進化を支えてきた人間存在にも関わるからである。

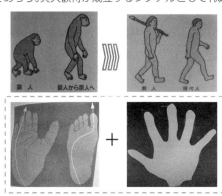

直立二足歩行から「笑顔」まで

第8章

国際社会と「日本のホスピタリティ」（○）
発信インフラとしてのインバウンドツーリズム

第1節　はじめに：ホスピタリティの世界発信

　異なる他者を受け入れ、歓待する「異人歓待」に源を置く hospitality が、巨大多民族国家として古代ローマ帝国の繁栄を支えてきた。多神教という寛容な精神もこの hospitality の源にはあったと思う。やがてゲルマン民族の侵入を受け、ゲルマン人をローマ化しながらもキリスト教にバトンタッチし、フランク王国、オーストリア＝ハンガリー帝国への拡がりをつくり、今のEU に至る。明治後期にオーストリア・ハンガリー帝国の代理公使として日本に駐在したハインリッヒ・クーデンホーフ＝カレルギーと青山光子[1]の次男であるリヒャルト・クーデンホーフ＝カレルギー（肖像画）が 1923 年に「パン・ヨーロッパ」という現 EU の基礎となる考えを唱えた。この考えが今の EU の出発点となり、四分の三世紀を経て、国を超えた EU という一大経済圏が出現している。そして、日本との関連でいえば、鳩山一郎（元総理）が「PANEUROPA」誌に掲載されたリヒャルト・クーデンホーフ＝カレルギーの論文 "Totalitarian State against Man" を『自由と人生』と題して翻訳、紹介し、「友愛（Fraternity)」の精神を EU の原動力に見たのである[2]。
　アジアでも東アジア共同体の議論は近年熱心になされるが、ヨーロッパのようにキリスト教など共通の思想母体がないことや、政治体制、国力の格差などからアジアでは難しいとする議論が多い。一方、明治 36（1903）年に岡倉天心は『東洋の理想』の中で「アジアは一つである（Asia is One)」と唱えている。個別、多様性あるアジアが、動的な形で融合してアジアが一つにま

肖像画　リヒャルト・クーデンホーフ＝カレルギー（油彩）^{（3）}

とまることが大切だと考えたのである。さらに岡倉は「日本はアジア文明の博物館、いやそれ以上のものである」という^{（4）}。インドや中国等の古い文化が、他民族による統治の中で交互に破壊される中で、古いものを失うことなく新しいものを受け入れる優れた天性を持つ日本の中に、個々のアジアが生き続けてきたというのである。

　このような壮大な背景を所与として本章のテーマとなる「日本のホスピタリティ」の世界発信を大上段に掲げようというのではない。否、むしろもっと地味で身近な所から本書に掲げてきた「日本のホスピタリティ」の世界発信について考えてみようというのが本章の狙いである。あえて壮大な背景説明に言及するとすれば、ホスピタリティが業界で「おもてなし」のハイカラな商業用語や「おもてなし講座」用語という業界・国内流行に偏する風潮から脱し本来の意味や意義を考える上での姿勢やフォアサイトに向き合っておきたかったからである。「おもてなし」の持つ受け入れの力と hospitality の外向の力が相互に関係し合い「日本のホスピタリティ」という新たな概念（hospitality の日本的変容）が形成されていることを本書で述べてきた。西洋に起源をもつ hospitality が「日本のホスピタリティ」としてリメイクされ欧米基準が世界化するグローバル化世界のパラダイムとして発信（逆輸出）する意義や態様について、近年注目されるインバウンドツーリズム（訪日観光）をテーマに据えて考えてみた。

第2節　「日本のホスピタリティ」の発信：意義と態様

　「日本のホスピタリティ」の世界発信というテーマは、実際の事例を引いて検証することを目的とする本書第Ⅱ部の中では難問であり重い。しかし、ホスピタリティの現代的意義を明確にする上で避けて通れない主要なテーマである。本テーマを探求するに当たり、以下に幾つかの論点について整理しておきたい。まず、第一の点は業界用語というホスピタリティから一度視線をリセットし本来のホスピタリティに視点を向けることである。本来のホスピタリティの現代的意義や意味は、上質なサービスや競争優位のツールに特化する業界用語の域を超え、社会の構造や根幹に関わるディシプリンであることに目を向ける視点である。この視点は、人間社会を掌ってきた物質主義や効率・数字至上主義、人間が二の次となる社会の構造に代わる次代の新たなパラダイムに関わる論点にまで行き着く。多文化共生社会のあり方や自文化への振り返り、経済体制や企業活動、これからの社会を担う人材育成や教育といった社会の構造に組み込まれた仕組みや制度についての新たな提案である。

　第二の点は、グローバル化社会において「良き受信機」[5]が発信することの意義である。「良き受信機」、「良き発信機」の考えについては第5章の第3節でリチャード・ニスベット（米社会心理学者）の研究を引き説明を加えたので参照していただきたい。グローバル化社会では、より発信性を強め、能動的に自己主張することが必要であると説明されることが多い。自己主張は大切な自分存在の証しでもあるが、異なる他者との紛争の引き金になることも多い。「おもてなし」と hospitality が相互に関係し合い醸成された「日本のホスピタリティ」は、異なる他者に耳を傾ける「良き受信機」という特性をコアに備えた概念である（第5章第3節3項参照）点に目を向けたいのである。話者の声（時には自然や環境）に耳を傾け、表現されない水面下に潜むものにも注意を向けようとする受信に必要な感性[6]は、発信主義的な欧米の物差しにはない「もうひとつの能動性」である。グローバル化はその

188

必然として多文化共生社会を内包する。多文化共生社会におけるディシプリンとして重要な役割を担う点に「日本のホスピタリティ」の発信の意義を捉えることができる。

　身近な例を示そう。第5章で国際線の機内で"Tea or Coffee?"の返答要請や、要請に対して自己主張するやり取りについて述べた。このやり取りでは、「言わせる」側の発信と「言わされる」側の発信という組み合わせが成立し、このそれぞれのパーツを能動として位置付ける。言葉に出ない空気を読み、「言わせる＝言わされる」関係の前に先んじて自発的（＝能動的）になされる察しや気づきの行為は「良き受信機」の文化の下で醸成された能動の形でもある。察して"何か飲み物でも？"とアプローチできる日本的対応が航空会社の5つ星として洋の東西を超えてトップグループにランクされ一つのディシプリンとして世界に受け入れられていることは興味深い[7]。

　第三は、「日本のホスピタリティ」の世界発信の態様についてである。「日本のホスピタリティ」が「おもてなし」の精神をコアに hospitality の外向的発信性を備えたものだとしても、「日本のホスピタリティ」のドメインは「おもてなし」の「受入性、お迎え性」の「良き受信機」である。hospitality の外向的発信性と相乗効果を引き出しながらも、日本人の気質から離れて欧米的な発信主義に向うわけではない。ホスピタリティの概念は第3章で先行研究を通して考察したように、人と人、人間関係を律するものとして定義される。この人と人の触れ合いが政治的駆け引きではなく生活者という一般の人々の間で交わされ、実際の体験を通して伝播する態様とは何かと考えると訪日観光（インバウンドツーリズム）というインフラに至る。日本人の海外渡航（アウトバウンド）の場合より、より広範に亘る「日本という舞台」が用意できる点も重視したい。

　訪日客自らがその意思と感性で日本という対象に接し、自らの言葉を通してそれぞれの思いを口コミ発信する機会となるインフラである。訪日外国人の満足度調査では90％前後が「満足」と答え88％が再来を肯定するという[8]。これらは、「良き受信機」の持つ「察しや受容が他者の心に届いた」アウトプットの事例として、「日本のホスピタリティ」が世界に発信されて

図 8-1　「日本のホスピタリティ」の対象域と発信

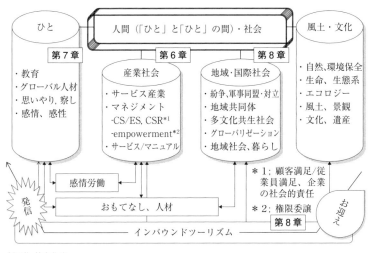

（出所）筆者作成。

ゆくケースとして捉えていいのではないだろうか。以上を図で示すと本章の位置付けは図 8-1 のように表すことができる。すなわち、訪日外客がインバウンドツーリズムを通じて様々な事象で「日本のホスピタリティ」を体験する機会に接し、その体験を自ら口コミで発信する態様を示している。各事象の説明については第 5 章第 3 節 1 項を参照されたい。また、図の産業社会は第 6 章で詳論し、「ひと」の事象は第 7 章で、また地域・国際社会、インバウンドツーリズムについては本章で考察することを示している。

　本章では、「日本のホスピタリティ」を発信するインフラとなり「発信機」となるインバウンドツーリズム（訪日観光）を対象にして考える。「日本のホスピタリティ」という概念が成立するとすれば、その考え方や概念が広く伝わり了解（認知）されることが必要である。この考察を通して、欧米基準の世界化というグローバリゼーションの潮流の下で「日本のホスピタリティ」が新たなパラダイムの提起となる含意を紐解くことができるのではないかと考えるのである。

第3節　インバウンドツーリズムと
　　　　「日本のホスピタリティ」の発信

1　発信の対象となる「日本のホスピタリティ」

　「発信」という言葉が本章のキーワードであるから、「発信」ということについてまず概念付けをしておきたい。大辞林によれば「発信」とは、①電信や電波を発すること、②電報・郵便物などを送ること　と説明されている。つまり何らかの情報や意向を対外的に伝えることであるが、そうであれば発信する側が何を発信するのかの認識が必要である。ホスピタリティの現代的意義や現代社会との関わりについては第6章、第7章で実際的な事例に沿って言及した。これらホスピタリティの現代的意義や社会的価値をまず理解しておきたい。繰り返すが、ホスピタリティを「おもてなし」のハイカラな商業の流行言葉とすることから脱却しておきたいのである。

　次に、言葉や考えの送受信について考えてみる。第1章第3節ではカタカナ外来語の伝播という観点で日本語化するプロセスを通して外来の概念や考え方を受容（受信）するということに着目した。ここでは「モノ」、「コト」、「ヒト」という文化の伝わり方に関連させて、ホスピタリティという考え方（「ヒト」）が日本に移入・入植した様相を言語学の知見や文化、社会学など多角的な視点から考えてみる。山上は『ホスピタリティ精神の深化』の中で、米社会学者 W.F. オグバーンの文化の要素間における伝播速度の不一致について研究した『社会変化論』を援用し、文化はモノ（物質）、コト（制度）、ヒト（考え方）の順に伝播することについて「物質的文化→制度的文化→精神的文化の順序で伝播する」ことに言及する [9]。グローバル化社会で、IT技術が一瞬にして世界の隅々にまでモノやコト、ヒトに関する情報を伝える今日、伝播・定着する速さや順序についても再考が必要になるだろう。また、「かわいい」や「勿体ない」などの言葉が世界語として伝播することにも目を向けると、考え方（「ヒト」）や言葉を発信するということは、日本の側で外来語を受信するばかりではなく双方向である。まず、本章のテーマである「発

信」について考えるに当たり、伝わり方の速度や双方向である点を意識に置いておきたい。hospitality という概念がリメイクされ「日本のホスピタリティ」(hospitality の日本的変容) として世界に逆輸出 (発信) される現象と説明すると表現は些かキャッチーであるが、現代的には分かりやすいだろう。

　「発信」の対象となるホスピタリティについて、インバウンドツーリズムから導かれる hospitality の日本的変容をより具体的に第4節で詳述するに際し、本項では第 I 部を通して述べてきたホスピタリティに関する論点について簡単に振り返る。hospitality という言葉が1980年代の半ばにメディアによって日本に紹介され、業界用語として原義から離れ一人歩きしていることについて学術的な視点から問題提起され、業界用語化することで逸失するホスピタリティの現代的意義や社会的価値についての吟味が進んだ。こうして学術的視点から、本来のホスピタリティとは何かを明らかにすること、併せてその実際的な意義や社会との関わりについて実学的に示すことが進められている。本来のホスピタリティの現代社会での意味や価値を示すのが第 II 部であり、第 II 部の最後の事例としてインバウンドツーリズムから導かれる「日本のホスピタリティ」の「発信」の意味や意義を検証する。

　日本に紹介・移入された hospitality が日本古来の「おもてなし」という考え方と相互に関係し合い「日本のホスピタリティ」(hospitality の日本的変容) が形成されていることを第5章で取り上げた。我々がホスピタリティとして理解しているのは「おもてなし」と hospitality が相互に関係し合い形成、乃至は醸成された、いわば「日本のホスピタリティ」であることを第2章、第4章、第5章を通して述べてきた。この「ホスピタリティ」が「発信」の対象となるコンテンツであり、インバウンドツーリズムを通してその具体的な内容を明確にするのが本章第4節である。「ホスピタリティ」は西欧に発信源を起きながらも日本独自の「おもてなし文化」と結びつき、いわば新たな日本メイドの「資源」[10] (考え方) として「輸出」(発信) の対象となるのである。このように説明すれば、貿易の輸出入や「見えない貿易」とされる観光とイメージが繋がり「発信」の実相が摑みやすくなるだろう。

2 発信インフラとしてのインバウンドツーリズム

「発信」ということと「インバウンド」というワードが一見相反するよう
に思えるかもしれない。「発信＝アウトバウンド」ではないかと。第5章で、
日本人の性格を「良き受信機」に喩え欧米人の「良き発信機」と対比した。
どちらが良い悪いではなく風土・文化の下で醸成された人の類型的な性格と
してリチャード・ニスベットが社会心理学の観点から指摘したのである [11]。
この文脈で、日本人の受け入れ性と「インバウンド」という言葉を繋げ日本
のお迎え性のインフラとしてインバウンドツーリズムを提起するだけでは発
信性の説明ができていない。すなわち、インバウンドをインフラとしつつも
より外向的で総合的な力として、「良き発信機」、国際的口コミとでも言うべ
き欧米型の発信ネットワークに刺激を与えこれらを取り込む「発信」という
構造を取り上げようとしているのである。東日本大震災が起きた時、欧米の
メディアはこぞって日本人の秩序正しい行動を世界に発信し、世界は驚きと
賞賛の眼を日本に向けた。日本を発信するというのは、必ずしも自らを欧米
型の「良き発信機」という異なる文化に偏向することではない。

　では、「ホスピタリティ」の発信インフラとなる日本のインバウンドツー
リズムについて概観してみよう。日本の近代ツーリズムは明治26（1893）年
の「喜賓会」（Welcome Society）から始まる。明治政府が外国要人への「も
てなし」を通して日本への理解を促し不平等条約の是正に繋げ、併せて外客
の誘致による外貨の獲得を図ることがインバウンドツーリズム政策であった
（「日本交通公社七十年史」）。明治、大正期の訪日外客による外貨獲得で第4
位に位置するインバウンドツーリズムは、日本の重要な発信インフラであり
稼ぎ手であったのである [12]（図8-2）。その後は、産業立国推進政策の下で
観光は日本の政策の第一線から退き、再びインバウンド観光が表舞台に登場
するのは観光立国推進基本法が制定される2007年である。

　1971年に逆転した日本人の海外渡航と訪日外国人観光者数の格差から生
じる観光収支の赤字（海外渡航支出＞訪日外客収入）が看過できなくなったこ
とも、国内旅行の縮小と併せてインバウンド観光政策復活の背景にあっただ
ろう。更に、日本の貿易収支が2008年8月に赤字になったことはこれまで

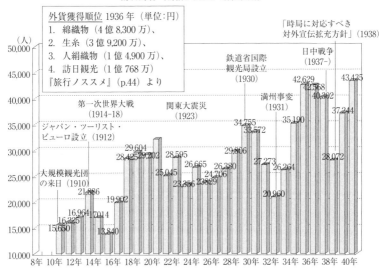

図 8-2　明治〜昭和初期における訪日外客の位地

訪日外客（明治、大正、昭和初期）

外貨獲得順位 1936 年（単位：円）
1. 綿織物（4 億 8,300 万）、
2. 生糸（3 億 9,200 万）、
3. 人絹織物（1 億 4,900 万）、
4. 訪日観光（1 億 768 万）
『旅行ノススメ』（p.44）より

（出所）「国際観光振興会 20 年のあゆみ」より筆者作成。

の「貿易立国」日本には大きな衝撃であった。「モノ」（貿易）から「ヒト」（観光）に舵を切るように観光立国に舵を切る時流と平仄を合わせてホスピタリティという言葉が新聞紙上で大きくクローズアップされたのはこの時期である（第3章）。

　訪日外客の現代的様相についても触れておこう。近年、訪日外客数の増加が目覚ましい。上述積年の観光収支の赤字は 2015 年に 45 年ぶりに転換黒字化し引き続き堅調な伸びを示し、2017 年度の訪日外客数 2,869 万人、外客消費額 4.4 兆円を達成し 2020 年までにそれぞれ 4,000 万人、8 兆円を目指す計画が策定されている（観光立国推進基本計画 2017 年）[13]。ツーリズムは「見えない貿易」として国際収支の一角を支えていると言われる。特に、「インバウンドツーリズムが貿易における輸出」として収入源であることから、小泉政権下でのビジット・ジャパン・キャンペーン（2003 年〜）による訪日観

光の促進策に期待が寄せられた。上述貿易収支の赤字は「貿易立国」として
の日本の基盤を大きく揺るがし、貿易以外の国際収入にこれまで以上の期待
が寄せられることも無理からぬことである。

　以降、史跡や景観、和食や伝統工芸など観光資源として訪日観光の促進策
が講じられてきた。結果、World Economic Forum（WEF）2017 では、日本
の観光競争力は総合で 4 位（2013 年同 14 位）にまで上昇、2013 年の顧客志
向の分野では 1 位にランクされている。他方、同フォーラムで国民の外国人
受け入れ姿勢では 140 か国中 74 位（2013 年）と評価が低い[14]。すなわち、
経済・産業面に重点を置いた観光政策の下でビジネスの対象となる顧客志向
は高くなったが、観光ビジネスに直接関わるわけではない生活者としての国
民・住民視点では観光立国とは言えない低い評価がされているのである。

　観光立国推進基本法では、日本人自身が「誇りと愛着を持てる」（基本方針）
地域社会作りに目を向け「住んでよし、訪れてよしの国造り」（基本理念）
を実現することを狙いとする。日本の近代ツーリズムが、明治期の外交、政
治、経済政策として国家目線のインバウンドツーリズムに依拠していたこと
に比し、その原動力や目線は国民視点へと大きく舵を切った。すなわち、日
本人が自ら日本の良さに気付き、外国人の訪日を「もてなす」ことを通して
日本を発信するという国民視点の内発的なインバウンドツーリズムである。

　一方、観光立国への視点が外客消費による国内経済や産業振興に傾注する
経済・産業策に向けられてきたことで生活者としての国民・地域住民主体と
いう観光立国の姿は、特に訪日観光においてその隔たりが大きい。実は、こ
の問題は観光立国、訪日観光の更なる推進の根幹に横たわる問題である一方、
「日本のホスピタリティ」の発信という本章のテーマにとって重要な論点で
ある。外客消費という点で大きい影響を持つ訪日リピーターや欧米豪からの
来訪者が日本人の暮しや社会に大きな関心を寄せる一方で、このような触れ
あいの機会が充分ではないことに不満を示す調査結果が示されている（DBJ/
JTBF 2017）[15]からである。訪日観光の動機を調べた調査[16]でも、一位が「食
事」で「伝統的な景観」、「日本人の生活」が続き、いずれも日本人の暮らし
や社会への関心が強いことが報告されている。すなわち、訪日観光における

経済・産業振興は観光政策が辿ってきた一連の経緯の中で国の重要な対策ではあったが、日本人や日本の社会との触れ合いを訪日観光に求める外客の視線やそこから生まれる「国際社会の相互理解の増進」⁽¹⁷⁾という観光立国の基盤、更には「日本のホスピタリティ」の発信には、国民・地域住民の参画が不可欠だという点には目を向ける必要がある。

　インバウンドツーリズムでは、訪日外国人が自らの目で「日本」を見、体験し、様々な国籍の人々が自らの言葉で口コミを通じて世界に日本を発信してゆくという点で大きな効果を発揮する点は認識されてよい。すなわち、インバウンドツーリズムはアウトバウンドツーリズムにも増して広がりの大きさと態様で「日本のホスピタリティ」を国際社会に発信してゆく重要な機会なのである。インバウンドツーリズムが、日本人の日常生活を通して「おもてなし」の舞台となり発信の機会となるという発想自体が「日本のホスピタリティ」という考え方・捉え方と密接にリンクしていると言える。すなわち、外客を迎え、もてなし（「おもてなし」の受け入れ性）、日本人の生活や考えを訪日外国人のネットワークを通じて発信（hospitality の外向性）するのである。

　このように捉えると、インバウンドツーリズムが外貨収入の経済手段であるだけでなく日本を発信するインフラとして重要な役割を持つことは、「日本のホスピタリティ」の理論・体系化の中で重要な基盤である。本章第 4 節では、このインバウンドツーリズムを「日本のホスピタリティ」の発信インフラとする視点から導き出される hospitality の日本的変容の内容をより具体的に提示し、ホスピタリティの現代的意義と実際的働きを示すこととする。

3　インバウンドツーリズムにおける発信の態様

　日本から発信するものには、科学技術や高性能な製品などたくさんある。能学や歌舞伎などの無形文化遺産や富士山、富岡製糸場、京都の文化財などの世界遺産など世界条約の下で発信されるものもある。そのような世界的枠組みの中で「日本のホスピタリティ」を位置付けようというのではない。否、むしろそのような世界的な枠組みとしてではなく、過去から引き継ぎ現在進行形の日常の生活を通して発信するということである。このように考えると、

日本の「おもてなし」の精神をコアに据え hospitality の外向性、発信性を備えた「日本のホスピタリティ」の発信にはインバウンドツーリズムが重要な役割を担うことについて考える。

　「おもてなし」とホスピタリティが混同、誤用されること、「業界用語としてのホスピタリティ」が一人歩きすることは、「日本のホスピタリティ」の体系立った発信の構築機会を逸することに繋がる。「おもてなし」とhospitality が相互に関係し合い醸成した「日本のホスピタリティ」についての体系立った概念構築が発信についての議論の前提であると同時に、発信するコンテンツそのものであることを再認識することである。その最も有効な発信機としてのインフラに、「おもてなし」と親和性の高いインバウンドツーリズムを位置付けることができる。「良き受信機」の文化を作った日本の風土に外客を招き、日本の歓待・もてなし体験を通して世界の人々が自らの五感で「日本のホスピタリティ」を体感することが総合的な日本の発信の機会となる。

　ここで注目したいのは、訪日旅行者が関心を寄せる日本の暮しや日本人との触れ合いという機会である。観光関連産業のビジネスの対応ということではない点が鍵である。訪日観光の大きな動機に日常の暮しにおける生活者との触れい合いがあるからであり、その生活者が対応するホスピタリティが重要であるからである。hospitality が領土の拡大維持に向けて戦略的・外向的に他者をローマ化する精神性だったことに対し、「日本のホスピタリティ」は日本の風土・文化の中で外客を迎え、もてなし、日本の文化や考え方を外客自らの体感を通じて外に発信する精神性であり、同時にその発信（輸出）のコンテンツが観光資源とも言えるのである。

　文化の伝播がモノ（物質）、コト（制度）、ヒト（考え方）の順に「物質的文化→制度的文化→精神的文化」の順序で伝わることについて触れた。グローバル化社会で、IT 技術が一瞬にして世界の隅々にまで「モノ」や「コト」、「ヒト」を情報として伝える今日、伝播の速さや順序についても再考が要るだろう。過去に欧米列強の制度がその覇権の下で伝播されたように、現代の国際社会の下では「コト（制度）」が上流から下流に伝わるように伝播し定着す

るという今までの仕組みが通用するとも思えない。一方で、考え方や精神の
ように個々の人の心に直接届く「ヒト」は、例えば日本のアニメの例が示す
ように、政治など人為的な壁をすり抜けて伝わり拡がることがむしろ早いと
言える。グローバル化が様々な壁を取り払い IT 技術が自由な広がりを手助
けするからである。このように考えると「日本のホスピタリティ」（「ヒト」）は、
インバウンドツーリズムが架け橋の役目を果たし訪日外国人が体験を通して
より着実で効果的な国際的口コミという越境性を伴い世界に伝わってゆくこ
とになる。

第 4 節　「日本のホスピタリティ」（hospitality の日本的変容）の実証的体系

1　ホスピタリティ論における位置付け

　前節では訪日外国人旅行者の受け入れには産業だけではなく、否それ以上
に生活者としての国民・地域住民が重要な担い手である点を述べた。欧米豪
など訪日旅行者や訪日リピーターが日本の日常の暮しや日本人との触れ合い
を求めているからである。ここで生活者である一般の人々のホスピタリティ
の視点を考えるに当り、ホスピタリティと「おもてなし」との関係整理が再
び必要になる。ホスピタリティという外来語がメディアにより日本に紹介さ
れ、「おもてなし」を訳語として社会で拡がったことが関連する。王 (2014)[18]
では、1985 年から 2011 年まで紙上で確認できる「ホスピタリティ」の 552
件の内、括弧付けで言い換えをしている 126 件の 86％が「おもてなし」を
使用していることを調査している[19]。

　一方、ホスピタリティ研究においては、ホスピタリティと「おもてなし」
が異なることについて先行研究で明確にされている[20]。服部 (2011)[21] では、
ホスピタリティを「接客に特化して訳すならば、『親切なもてなし』で問題
はない」として語源や派生語に見られる違いを明確にしつつも両者には近い
関係があることを指摘する。また、長尾・梅室 (2012)[22] では、ホスピタ
リティの定義を欧米の研究に依拠しホスピタリティ産業に適用する概念とし

た上で、「おもてなし」概念や構成要因の分析を通してホスピタリティとの違いを比較検証している。前田（2007）[23]では、「本来の意味である行動規範を意味するホスピタリティと、業界用語のホスピタリティは"平和共存"している」として両者の共存を指摘する。

　以上、「おもてなし」という概念が存在する日本特有の環境で、産業界や実務社会では「ホスピタリティ＝おもてなし」とする「hospitalityの誤謬」と言える現象を引き起こしながらホスピタリティはカタカナ外来語として社会で拡がった[24]。他方、研究分野でも上述したように両者が異なるものとして整理する一方で、ホスピタリティ概念の多義性として「おもてなし」との遠近でホスピタリティを概念付ける流れができてきている。これを分かりやすく整理すれば図8-3のように示すことができ、図中の「←日本のホスピタリティ→」の幅全体が「ホスピタリティ」として学術的に概念付けられることになる（第5章参照）。このように、実社会とは異なる様相を呈しつつも、研究分野においても欧米では見られないホスピタリティの多義性として「hospitalityの日本的変容」が暗黙知として受け入れられていると考えられる。すなわち、原語であるhospitalityの原義に近い概念付けをする研究（図8-3. a）から、精神や行動規範とする研究（図8-3. b～c-2）、「おもてなし」に近い接客、接遇的な捉え方をする研究（図8-3. d）の幅の中で、「ホスピタリティ」が捉えられているということである。

　それでは、訪日外客の迎え手となる国民・住民視点のホスピタリティはどこに位地付けられるだろうか。訪日外客を迎え歓待する主体としての国民・住民視点のホスピタリティは、ビジネスとして顧客に向けられる教育訓練された業務としての接客や接遇ではない。また、学術研究で概念付けられるホスピタリティとも異なるだろう。日本の地域に根差した内発的な「おもてなし」の視点で、外来語であるホスピタリティの外発的な言葉に刺激を受けながら地域住民が主体的に訪日旅行者を迎え歓待する行為である。図8-3で示す「地域のホスピタリティ」がこの部分を表している。地域に脈々と根差す「おもてなし」の精神をコアに据えつつ外発的なホスピタリティの刺激を受け、「日本のホスピタリティ」概念の一形態として「地域のホスピタリティ」

図8-3　ホスピタリティの日本的変容の構図

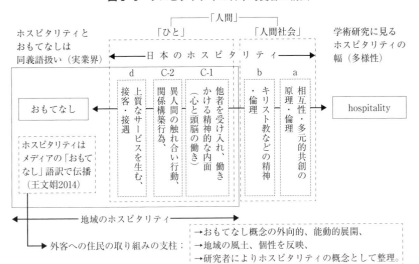

a：　服部勝人（1995）「多元的共創とホスピタリティ・マネジメント」、『HOSPITALITY』（日本ホスピタリティ・
　　スピタリティ・マネジメント学会誌）、第2号、pp.26-32.
　　山路顕（2015）「Airline Global Alliance のマネジメントについての一考察」、『HOSPITALITY』、第25号、
　　p.43.
b：　大津ゆり（2005）「キリスト教におけるホスピタリティ精神」、『埼玉女子短期大学研究紀要』、第16号、
　　pp.151-153.
c-1：吉原敬典（2004）「ホスピタリティ・マネジメントの枠組みに関する研究（I）」、『HOSPITALITY』、第
　　11号、pp.150-153.
c-2：古閑博美（1994）「秘書の行動におけるホスピタリティ・マインドの重要性」、『嘉悦女子短期大学論集』、
　　第66号、p.18.
c：　佐々木茂・徳江順一郎（2009）「ホスピタリティ研究の潮流と今後の課題」、『産業研究』、44巻第2号、
　　pp.4-5.
d：　野村佳子（2010）「サービス品質とホスピタリティのメカニズム」、『国際広報メディア・観光ジャーナル』、
　　No10、pp.82-84.

とでも位置付けられる概念である。図ではホスピタリティと「おもてなし」
が重なる部分があるが、「ホスピタリティ＝おもてなし」とする誤謬とは異
なることは言うまでもない。
　　日本人が日常の中で異なる他者（訪日旅行者）を迎えもてなす「機会」で
あり「場」であるインバウンドツーリズムは、「日本のホスピタリティ」が
生活者である国民や地域住を通して「地域のホスピタリティ」として国際世

界に発信される貴重なインフラであるといえる。

2　国民視点と「日本のホスピタリティ」

　ホスピタリティという言葉は学術研究の対象である一方、実務社会の日常用語として使用される。それぞれの視点から異なる使用がなされることはホスピタリティという言葉に限ったことではない。しかし、その差異が本質に係り、かつ異なり共存するというのは「学」と「業界」の用語として整理するには余りにも隔たりがあり看過できない。否、何よりもホスピタリティの現代社会における意義や働きを見失うことに大きな問題がある。

　ホスピタリティが提起する異なる他者に対する寛容性の精神は、グローバル化が必然的に惹起する多文化共生の社会では最も大切な、異なる他者を認める人間の姿勢を示すものである。戦略的な多民族共生をルーツに持つhospitality が、漂着した「まれびと」を誰彼と区別せず歓待する「おもてなし」の地に受け入れられ、その両者が相互に関係し合い新たな「日本のホスピタリティ」という概念として日本社会に定着していることをホスピタリティ理論の中で体系化する（第5章）ことは今後のホスピタリティ研究の深化に寄与するだろう。

　この「日本のホスピタリティ」は hospitality の戦略的、外向的な刺激を受け入れつつも他者に耳を傾け相手の気持ちを察する「おもてなし」の精神をコアに日本でリメイクされたものだとする仮説を解いてきた。グローバル化社会で求められる寛容性の考えを示すものである一方、ビジネスシーンにおいても戦略性と発信性を持つ経営資源として有用な考え方であり視点である（◎に近いホスピタリティ、第6章）。特に、国民・地域住民という生活者の視点で捉えるホスピタリティ（「地域のホスピタリティ」図8-3、第5章図5-2の○に位置するホスピタリティ）が「日本のホスピタリティ」の一形態として、インバウンドツーリズムというインフラを組み込むことで、政治的なイデオロギーの壁から解放され日本の英知や精神として訪日旅行者の口コミネットワークで国際世界に繋がる意味は大きい。

　国際収支の一翼を担うインバウンドツーリズムという「見えない貿易」の

「見える経済」も大切ではある。訪日観光による外客消費が国内経済の好材として、経済・産業振興を主とする観光政策が行われてきた。観光立国の重要な柱である「国際相互理解の増進」は、「国際相互理解」の当事者となる国民と訪日外国人との間で醸成される。インバウンドツーリズムのインフラを触れあいの舞台として発信される「日本のホスピタリティ」、更には「地域のホスピタリティ」の「見えない国際力」の「見える化」研究を深めることは更に大きな世界の利益である。

注

（1）林信吾（2009）『青山栄次郎伝』、角川書店、シュミット・村木眞寿美（2009）『ミツコと7人の子供たち』、河出文庫、松本清重（1987）『黒い血の旋舞』、日本放送出版協会など多くの出版で、オーストリア・ハンガリー帝国の凋落に沿って青山光子の生涯が描かれている。

（2）鳩山一郎・鹿島守之助・深津栄一訳（1970）「クーデンホーフ・カレルギー全集6」、鹿島研究所出版会

（3）株式会社ギャルリー江夏所蔵。青山光子の孫─ミヒャエル・クーデンフォーフ＝カレルギー氏（画家、日本在住）─の作品。

（4）岡倉天心（1986）『東洋の理想』、講談社、p.20 本書で岡倉は「アジア文化の歴史的な富を、その秘蔵の標本によって、一貫して研究出来るのは、もとより日本においてのみである」と述べ、万世一系の天皇制、征服されたことのない民族だということ、及び島国だということをその理由として指摘している。

（5）Richard E. Nisbett、村本由紀子訳（2004）『木を見る西洋人　森を見る東洋人』、ダイヤモンド社、pp71-76 で「関係性で物事を捉える東洋的思考は、話者の意図に耳を傾ける『良き受信機』を育み、自分の考えを明確に伝える『良き発信機』を重んじる西洋人の分類性の思考」と対比している。

（6）岡部政裕（1971）『余意と余情』、塙新書、で岡部は「言葉による表現とは、表現されないものがまずあって、その全体の本の一部分が音声・文字などに感覚化されたものである」（pp.7-8）と述べ、「言葉に表現されたものがすべてといった感じの思い込みを持つ欧米人にはこの様な発想は理解不能に違いない。こうした言外の意を汲み取って行動するなど無理であろう」（p.151）と述べる。

唐木順三（1970）『日本人のこころの歴史』、筑摩総合大学叢書、では「日本人は感受性において際立って優れた民族であることは確かである。日本人の鋭敏な感受性を最もよく示しているのが季節感と言ってよい」（はしがき p.11）として日本人の感性を作った自然条件や農耕民族と言う社会的条件等を指摘する。

（7）ANA NEWS 第 13-174 号（2014 年 3 月 17 日）によると、トップ 4 社は ANA, シンガポール航空、キャセイ・パシフィック航空、カタール航空とアジア評価が高い。

（8）観光庁『訪日外国人の消費動向』（平成 22 年年次報告）

（9）山上徹『ホスピタリティ精神の深化』、法律文化社、pp.23-28.

（10）石井素介（2008）「資源論の眼から食料問題を見直す」『地理』、p.2 では、資源とは、これまで誤解されてきたような「モノそのもの」＝「単なる自然物」ではない。至言とは、主体でル人間が自然を見る場合にとる「特定の視点」であり、また「その対象物がもたらす価値」を指すと指摘する。更にドイツの各地で見られる環境保全活動は、「都市や村落の風景も資源だ」とする考えに基づいていることに言及する。

（11）Richard E. Nisbett、村本由紀子訳（2004）『木を見る西洋人　森を見る東洋人』、ダイヤモンド社

（12）白幡洋三郎（1996）『旅行ノススメ』、中公新書、pp.42-44 では、昭和 11 年には外客消費額が 1 億 768 万円で綿織物、生糸、人絹織物に次いで 4 位に位置する外貨獲得額である点を指摘する。

（13）2017 年 3 月、閣議決定

（14）World Economic Forum, The Travel & Tourism Competitiveness Report2013 では、Degree of customer orientation の分野で 1 位であるが、Attitude of population toward foreign visitor の分野では 74 位の評価がされている。

（15）「アジア・欧米豪　訪日外国人旅行者の意向調査」（DBJ/JTBF2017 年 10 月 5 日）、pp.1-3、p.16.

（16）JNTO 訪日外客訪問地調査

（17）観光立国推進基本法（2007 年 1 月施行）の前文に観光立国の推進理念として「恒久の平和と国際社会の相互理解の増進を念願し」と謳っている。

（18）王文娟（2014）「『ホスピタリティ』概念の受容と変容」、『広島大学マネジメント研究』第 15 号、pp.49-50.

（19）徳江順一郎（2012）『ホスピタリティ・マネジメント』同文舘出版、pp.3-7 では、大学生へのアンケートでホスピタリティの意味で「おもてなし」が最も多い結果であったことを示している。
　　　筆者の勤務校（立命館大学）での調査では、「おもてなし」と同じが 23％でどちらともいえないが約半数を占めた（5 学部 295 人回答：2015-17 年の平均）。

（20）徳江順一郎（2012）『ホスピタリティ・マネジメント』、同文舘出版、はしがき（1）

で、「『ホスピタリティ』＝『おもてなし』ではない。まずはこの点を頭に刻み込んでいただきたい」と明記する。

寺阪今日子・稲葉祐之（2014）「『ホスピタリティ』と『おもてなし』サービスの比較分析」、『社会科学ジャーナル』78、国際基督教大学社会科学研究所、pp.82‑84 では、「おもてなし」との比較検証を踏まえ両者の違いを分析する。

(21) 服部勝人（2011）『ホスピタリティ学のすすめ』、丸善出版、pp.93‑96.

(22) 長尾有記・梅室博行（2012）「おもてなしを構成する要因の体系化と評価ツールの開発」、『日本経営工学会論文誌』、Vol.63 No.3、pp.127‑134.

(23) 前田勇（2011）『現代観光とホスピタリティ』、学文社、はしがき i、pp.2‑30.

(24) ホスピタリティを冠にした一般書は、Amazon.com で検索すると 2009 年 1 月時点では 48 冊がヒットしたが 2017 年 9 月時点では 339 冊と 7 倍以上の伸びを示している。

【参考文献】

石井素介（2007）『国土保全の思想』、古今書院

今西錦司（1984）『自然学の提唱』、講談社

岡倉天心（1986）『東洋の理想』、講談社

岡部政裕（1971）『余意と余情』、塙新書

唐木順三（1970）『日本人のこころの歴史』、筑摩総合大学叢書

シュミット・村木眞寿美（2001）『ミツコと七人の子供たち』、河出文庫

白幡洋三郎（1996）『旅行ノススメ』、中公新書

鈴木茂・奥村武久（2007）『「観光立国」と地域観光政策』、晃洋書房

須藤廣（2008）『観光化する社会─観光社会学の理論と応用』、ナカニシヤ出版

ダニエル・J・ブーアスティン著、星野郁美他訳（1964）『幻影の時代』、東京創元社

鶴見和子（1996）『内発的発展論の展開』、筑摩書房

西尾久美子（2014）『おもてなしの仕組み─京都花街に学ぶマネジメント』、中央公論新社

鳩山一郎・鹿島守之助・深津栄一訳（1970）『クーデンホーフ・カレルギー全集6』、鹿島研究所出版会

林信吾（2009）『青山栄次郎伝』、角川書店

マーチン・オッパーマン＆ケー・スンチョン著、内藤嘉昭訳『途上国観光論』、学文社

マルコム・トンプソン（2007）『日本が教えてくれるホスピタリティの神髄』、祥伝社

松本清張（1987）『暗い血の旋舞』、日本放送出版協会

藻谷浩介・山田桂一郎（2016）『観光立国の正体』、新潮新書

盛山正仁（2019）『観光政策と観光立国推進基本法』、ぎょうせい

山路顕（2010）「日本から発信するホスピタリティ」、『ていくおふ』、ANA130 号

山路顕（2019）「インバウンド（訪日）ツーリズム推進におけるホスピタリティの視点と

考察」、『HOSPITALITY』、第 29 号
山上徹編著（2001）『おこしやすの観光戦略』、法律文化社

【コラム⑨】

青山光子と EU とホスピタリティ

　映画「カサブランカ」は映画好きでなくても観た人が多いだろう。ヒトラーが猛威を振るうヨーロッパ全土がキナ臭い空気に覆われていた時代、カサブランカは辛うじてフランス領土としてドイツの難をさけ米国など亡命先への中継基地になっていた場所だ。ここから米国へ亡命を試みるのが映画のラズローこと後に「EU の父」と呼ばれるリヒャルト・クーデンホーフ＝カレルギー（写真中央）である。青山光子とオーストリアの代理公使（当時は未だ大使が無い）ハインリッヒ・クーデンホーフ＝カレルギーの次男である（日本生まれで青山栄次郎と命名）。一方、吉永小百合が主演した「国境のない伝記」（NHK、1987 年）や吉行和子の一人芝居「MITSUKO・ミツコ―世紀末の伯爵夫人―」を観た人は多くないかもしれない。リヒャルトの母である青山光子が描かれている。

　今の EU の基礎となる「パン・ヨーロッパ」（1923 年）の考えの中でFraternity（友愛）の精神を紹介したのは故鳩山一郎だが、1903 年に岡倉天心が "Asia is One" を唱えている（『東洋の理想』）。日本人の精神が光子を通して「一つのヨーロッパ」に繋がる壮大な物語は、ヨーロッパに源を置く hospitality と日本の「おもてなし」の前奏曲のようで思いが頭を駆け巡る。

　"The day after tomorrow" という映画がある。気候変動で絶対零度化するアメリカからの避難を温暖なメキシコが受け入れてくれたことに米大統領が感謝する言葉が "Thank you for your hospitality" であった。国境に壁を築こうとする米大統領の歴史への逆行が浮き彫りになるよう皮肉である。

青山光子とその家族（松本清張『暗い血の旋舞』
〔日本放送出版協会、1987 年〕）より

終章
ホスピタリティの現代的意義
ホスピタリティをめぐる誤謬からの脱却

第1節　ホスピタリティの可能性

　「ホスピタリティをめぐる誤謬からの脱却」という些かエッジの効いた副題を頭出しに置いた。本来のホスピタリティへの知的関心や理解が教育の現場や実務社会で深まる突破口になればという思いからである。その上で「現代ホスピタリティ特論」という標題で学術研究を基盤に据え研究者や大学生向けの参考文献として、また社会人や実務に携わる方々が活用できる専門書をコンセプトに位置付けた。ホスピタリティという言葉が業界用語化し、サービス業における笑顔の作り方やお辞儀の作法などとして一般書で出回る[1]ことに釈然としない違和感とある種の義憤に駆られたとこれまた思いが尖る。学術論文の引用や学術書を参考に引いて、一般書はほとんど引用には使用しなかった。冒頭に頭出ししたテーマを明確にするために学術的視点を軸に置くことで「誤謬」とする指摘と「hospitalityの日本的変容」とする視点を明確にする必要があったからである。

　ホスピタリティとサービスの混同や、「おもてなし」との未整理や混乱など「ホスピタリティをめぐる誤謬」には理由があった。その理由の一つはホスピタリティがまずカタカナ外来語であることに由来する。hospitalityの原義から演繹的にホスピタリティの現代的意味をトレースすることなく、メディアがホスピタリティに「おもてなし」の訳語を付けて日本に紹介したことも影響している。更に、サービス産業化する社会がホスピタリティを競争優位のツールとして、サービスや「おもてなし」に代わる現代的でハイカラな

言葉と受け止めたことも理由に挙げられる。否、もっと深読みすれば、現状の改善よりも更に現行の変革にまで繋がりかねないホスピタリティの視点を変革に向うもっと手前の所で、改善ツールに留めておく方が得策だとする企業社会の論理が働いたかもしれない。また、概念的に近似する「おもてなし」文化とのマッチングや未整理という問題も混乱に拍車をかけただろう。

　「ホスピタリティをめぐる誤謬からの脱却」という副題は、本来のホスピタリティとは何かという問いであり、本来のホスピタリティの現代的意義や実社会における有用性とは何かという探求である。更には、この本来のホスピタリティは実用で使用されている業界用語としてのホスピタリティに対峙するものであるから、本来のホスピタリティには業界用語以上の実際的な価値や意義があることを明らかにすることはなおさら重要なことであった。これら問いの連鎖に、本書では理論・概念論に偏することなくホスピタリティの実際的な価値や意義について事例を引いて実証することを試みた。本書の第Ⅱ部で社会の具体的な事例を引いてホスピタリティの視点や概念がどのように作用し関わっているのかを示すことで、ホスピタリティの現代社会における実際的な関わりや意義が明らかになると考えた。これらの具体的事例を通して分かることは、ホスピタリティの視点や概念は既存の仕組みや考え方に根本的な変革や発想の転換を促す動機となるものであるということであった。この点をパラダイムシフトという観点と併せて次に述べることにしよう。

第2節　ホスピタリティの現代的意義とパラダイムシフト

　「パラダイム」という言葉もカタカナ外来語であるが近年よく使用される。「特定の科学者集団によって共有される価値観、技術、法則」、「専門母胎」(disciplinary matrix)、「専門領域固有の謎解きをする指針」などもともと自然科学の領域で使用された概念であるが[2]、広く社会科学の領域や更に広い分野でも使用される。ここでは、現代社会の根底で共有されている認識や基準、価値観といった意味で捉える。近年、「パラダイム」や「パラダイムシフト」という言葉がよく使用されるということは、社会の根底にあるものが

大きく変動し始めているということかもしれない。奇しくも、ホスピタリティという言葉が日本社会に登場し多用されるようになったのは、日本社会が従来のモノ（貿易）社会からヒト（観光）に大きく舵を切った時期と呼応することを第1章で考察した。以下では第Ⅱ部で取り上げたホスピタリティの事例をパラダイムシフトの観点から整理してみよう。

　第6章で取り上げたグローバルビジネスの取り組みでは、多元的な価値を一極化（＝合併）の対抗軸にして成長するアライアンスのマネジメントについて検証した。ネットワークの拡大に合併という手段が使えない国際航空の枠組み（規制）をむしろ奇禍として、大小様々な異なる他社（他者）とのマルチ（Multilateral）提携がグローバル・アライアンスという発想に繋がった。大は小を兼ね飲み込むのではなく小規模の航空会社のホームマーケットでの強みを逆に活かし、多様・多元的な価値に目を向けたのである。グローバル・アライアンスのマネジメントは、異なる他者に対する戦略的な寛容性をつかさどるホスピタリティの視点で捉えることができる。合併を禁止する規制を逆手に取り、合併という一極化に対峙する多元的な提携による価値の創造という発想が国際航空の枠組みという既定のパラダイムを転換したのである。結果、グローバル・アライアンスが世界の国際市場の62％超をカバーするまでに成長を遂げ、グローバル化社会の無くてはならない移動インフラの役目を担っているのである[3]。

　LCCというビジネスモデルのケースでは、従来の航空の運航構造からはコスト的に対象とできなかった消費者／ヒトに目を向けることを第一義にするホスピタリティの視点が経営動機になっていた。このビジネスモデルを可能にした経営判断には、提供される側の「ヒト」（消費者）に目を向け提供する側（企業）の根幹をも変革（破壊）するという発想の転換を促すホスピタリティの視点がある。航空輸送の事業形態ありきという当たり前の前提をパラダイムシフトすることで成立したのである。LCCが従来の航空輸送に新たな需要を誘発し市場の拡大に繋がるという経済学でいう総余剰（消費者余剰＋生産者余剰）の拡大が確認されている[4]。ホスピタリティの視点がパラダイムの転換に結びつき、実社会での利益を生んでいるケースである。

　以上、ホスピタリティの視点が新たなマネジメントの取り組みを促し、既存の仕組みや構造というパラダイムを転換し具体的な価値や利益を創出している産業界の事例に言及した。第7章や第8章で取り上げたグローバル人材や「日本のホスピタリティ」の発信インフラとしてのインバンドツーリズムについての考察は産業社会での事象と同じようには測定できないが、計量評価的な分析を通して実社会での利益評価も可能となるだろう。

　第7章では、ホスピタリティの視点からグローバル人材（グローバル・コンピテンス）のコアの涵養に資する教学ディシプリンを明確にすることができることを論じた。グローバル人材育成という壮大なテーマは、ともすると外国語に特化した教育や国際経済で貢献する産業人という固定的な教育に分かりやすさを求めがちである。ホスピタリティの視点は、このような固定的な縛りを払いかつ茫漠とならないグローバル人材育成の新たなパラダイムを提示する。ホスピタリティの視点でグローバル・コンピテンスのコアを明確にする教学ディシプリンを設定することで、グローバル化社会を担い日本を発信する幅広い分野での人材育成に取り組む指針となるだろう。

　第8章では「日本のホスピタリティ」の発信インフラとしてインバウンドツーリズムを取り上げた。社会がグローバル化する中で、それぞれの地域や国の文化に育まれた精神性やものの見方の発信は、欧米のように「良き発信機」となって自己主張してゆくことばかりではない。国際会議や外交、海外でのビジネス活動では欧米的発信が必要になることは理解できる。問題は政治や外向、ビジネスの主張ではなく、広く日本の風土の下で醸成された精神性やものの見方といった「ヒト」についての発信である。

　"kawaii" や "mottainai" が世界語として発信され、受容されていることについて述べた（序章、第2章）。hospitality が、他者に耳を傾ける「良き受信機」文化を持つ日本の「おもてなし」と相互に関係し合い、「日本のホスピタリティ」として訪日外客が自身の五感を通して広く日本を体験するインフラがインバンドツーリズムである。訪日外客による経済効果も2017年は年間4兆円を超えている（JNTO 資料）。「見えない貿易」としてツーリズムを経済指標で考えることも必要だが、「日本のホスピタリティ」の体験者が

図終-1　「日本のホスピタリティ」の航空発信イメージ

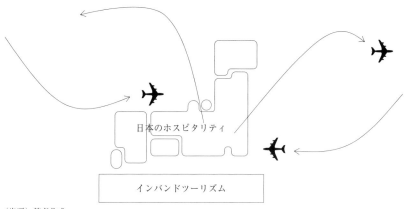

（出所）筆者作成。

　それぞれの言葉とネットワークで日本を発信してゆく「良き受信機の発信」
ともいうべき日本型の発信は、欧米基準の世界化というグローバル化時代の
新たな発信のパラダイムとして考えてみてもいいのではないだろうか。
　発信インフラのもう一つに航空がある。2017 年度の訪日外客数は 2,869 万
人と報告され、この 5 年間で約 3.5 倍の伸びを示している（観光庁 訪日外国
人消費動向調査 平成 30 年 3 月）。訪日外客の渡航手段は 99％超が航空利用で
あり（法務省出入国管理統計 2017）、日本の航空会社の日本発着のシェアは約
6 割である。インバウンドツーリズムの大枠の中で和食や旅館、神社仏閣、
景観等々を通して日本を体験することに加え、日本の法律が適用され日本の
主権が及ぶ「場所」でもある航空の機内・キャビンも「日本のホスピタリテ
ィ」発信の重要なインフラである。イメージ図を示せば図終-1 のようにな
るだろうか。この図は、日本という「場所」（法律的には主権の及ぶ領土）が
航空機のキャビンという空間を通してネットワークされ移動、展開している
ことを表している。この文脈で考えたいのは、「日本のホスピタリティ」と
いう日本の資源（精神性）を日本の航空会社がどのように経営戦略に活かし
てゆくことができるかである。機内での食事や客室乗務員が着物を着るとい
ったことに留まるのではなく、「日本のホスピタリティ」という資源を経営

戦略としてどのようなビジョンに描き発信してゆくのかという新たな発想の展開である。

　古代ローマは敵として戦った他者をも「好もしい余所者」として受け入れる大転換の発想（異人歓待）で、長きに亘る巨大多民族国家の礎を築いた。50有余年前にダニエル・ベルの提唱した「脱工業社会」[5]はサービス産業を母体とする現代社会を予想したが、これを受け福原（2008）[6]では「従来の経済原理から脱して"人間対人間"を基本原理にする経済は〈サービス経済〉から〈ホスピタリティ経済〉にシフトする」としてサービス産業社会の先にホスピタリティをキーワードとする経済社会が到来すると指摘する。クリステンセンでは（2001）[7]『イノベーションのジレンマ』の中で、現状の改善を進める「持続的イノベーション」と対比し、根本の考え自体を転換する「破壊的イノベーション」を提起した。LCCビジネスモデルの事例（第6章）は、「ヒト」（対象とされなかった消費者）に目を向けることで航空の根本的構造を変革（破壊）することにホスピタリティの視点から到達したパラダイムの転換の事例として取り上げた[8]。

第3節　ホスピタリティとジェンダー

1　問題の整理

　ジェンダーの問題は深くて広い。ここで正面から取り上げようというのではない。大学生へのアンケートでもホスピタリティは女子学生に関心が高く男子学生の関心が低いこと、また、ホスピタリティから連想するワードが「おもてなし」であり旅館の女将であり航空会社の客室乗務員であること（第1章、8章）に注目しようとしているのである。「ホスピタリティの女性性」と表現してしまうと、原語であるhospitalityの原義である戦略的な「異人歓待」という概念と少しハレーションを起こしそうであるが、本書で述べてきたホスピタリティ（○〜◉）の（○）側に位置するホスピタリティとして考えると腑に落ちる。

　ここを踏まえて本節では、ホスピタリティとジェンダーの関係をまず感情

労働の視点から日米比較を通して「日本のホスピタリティ」の意義や位置に沿って考える。次に「女性専用車両」の社会学的な考察を通して、ホスピタリティの視点が物事の根底に到達する思考であることを考える。最後に、「日本のホスピタリティ」が日本の目指すべき男女共同参画社会の一考察に繋がる点を述べることとする。

2　感情労働に見る日米比較と「日本のホスピタリティ」

　感情社会学の分野を拓いたA.R. ホックシールドは著書 "Managed Heart" の中で、米国デルタ航空のキャビンアテンダント（以下 CA）の取材を続け、機内サービスに就く CA が笑顔の対応を企業から強いられ演技し続けることで本当の自分を疎外する弊害を指摘する[9]。人間の感情すら商品として売買の対象となることを批判的に考察する中で、CA の感情労働と女性の従属性を関連させジェンダーの問題として捉えた。

　hospitality の原義が「好ましい余所者」を厚遇する「異人歓待」に発し、異なる他者との共生を戦略的に目指した精神性であるとすれば、察しや笑顔のもてなしは欧米社会に起源をおく hospitality という概念に直接結びつくものではないだろう。むしろこれらは hospitality というよりは社会生活上のマナーや politeness で説明されるものである。デルタ航空の CA にとっては、笑顔や乗客の意図を察するように求められることは、時々の気分のいかんに関わらず業務としてマナーや politeness を強要されるもので、「負」の自己疎外として圧し掛かるものなのである。感情労働を取り上げる "Managed Heart" でも hospitality に言及する説明はされていない。

　一方、旅館の女将や花街の舞妓や芸妓、日本の航空会社の CA の場合はどうであろうか。察しや笑顔のもてなしは、「おもてなし文化」の下で企業に要請されるものと言うよりは、日本人の身に着いた自主的で内発的な行為の中で営まれ、「負」の感情労働とはされないのではないか。映画俳優の演技を感情労働と関連させて取材したことがある。俳優や役者にとって演技をするという感情労働は、恐らく洋の東西を問わず「負」には位置付けてはいない。そうだとすると、感情労働が「負」になるのか否かは第一義的には「本

人の主体的な意識」の問題であって上記した hospitality に絡む日米の違いで
はないのではないかとの疑問も出る。しかし、米国でそもそも感情労働を企
業に強いられる「負」として認識した上で CA という職を「主体的」に自己
選択するということであれば、やはり日米間における感情労働の位置付けや
受け止め方には違いがあることになるだろう。更には、「本人の主体的な意識」
がその国の風習や「育ち」という要素に裏打ちされているとすればやはり感
情労働についての日米での違いとして位置付けられる。

　「心の時代」[10] と言われる現代社会で、感情労働とされる行為が「負」の
自己疎外と位置付けられたり（米国）、能動的な関わりとなったり（日本）す
る。現代の産業社会では感情労働は「おもてなし」やホスピタリティ（○以
下同じ）のコンテンツだと表現しても大きな間違いではないだろう。上述し
たように hospitality と感情労働との間には距離の隔たりがあるとしても、「お
もてなし」やホスピタリティとは密接な関係にありそうである。更に言えば、
「おもてなし」と hospitality が相互に関係して醸成された「日本のホスピタ
リティ」の視点からは、感情労働は「負」の自己疎外の域というよりはむし
ろ前向きな（「正」の）領域に位置付けられるだろう。本項では、感情社会
学的なアプローチも意識に置きながら感情労働の入り口からホスピタリティ
の視点をジェンダーの問題とも関連させて考えた。

3　「女性専用車両」に向けるホスピタリティの視点

　大学の講義で、海外ではあまり見かけない「通勤電車の女性専用車両をど
う思うか？」ホスピタリティの視点から説明するように学生たちに問うてみ
た。

　まず、ホスピタリティの視点が明確になっていないからやむを得ないので
あるが、多くの説明は電車会社の気の利いたサービスとして肯定的に答える。
中には、「女性専用があるなら、男性専用があってもいいのではないか」あ
るいは、「障害者や高齢者向けの車両の方が必要じゃないか」という意見も
出る。いずれにしても満員電車の混雑が当たり前で止むを得ないものとなっ
ている。人間を詰め込む混雑車両を非人間的だと問い質す意見は出てこない。

男女を別々に分離することで問題の解決になると考えることへの疑問も出ない。明治にできた「鉄道営業法」（明治33年3月16日　今も廃止されずに存在する）に「婦人のために設けたる待合室及車室等に男子妄に立ち入りたるときは……10円以下の科料に……」（同法第34条）との定めがあり、女性専用の「車室」がすでに設けられていて、男子が妄りに立ち入ったときには罰せられる規定がある。明治の電車が今のように混雑していたとは考えられないから、何か別の理由により女性専用「車室」が設けられていたわけだ。

　弱い立場の女性を守るという大儀に利用されていると社会学の視点で指摘する考えがある。堀井（1999）[11] は『女性専用車両の社会学』の中で、「女性専用車両という発想には、日本社会の男性主義的な構造も深く関わっている。公共空間は女性にとって危険な場所として認識されており、その危険から女性を守る」として「女性は弱者」「公共空間は危ない場所」としてしまうことで、公共空間への女性の社会進出にブレーキをかけ男性主義的社会構造が維持されると指摘する。

　「女性専用車両」は、異なる人間（男女だけではなく）を別々に切り離し隔離することが問題の解決だろうかという根本的な疑問を提起してみる。この女性専用車両を、黒人問題や人種差別問題に置き換えると物事の筋がはっきりする。hospitality の視点は異なる他者を寛容性の精神で受容し共生することである。この視点からすれば、いろいろな人が混在し（老若男女、LGBT、民族等々）理解し合う中で問題を解決してゆくのが本当の姿だし、問題を作り出しているより根本的な問題を考えることではないかという見方に行き着く。より根本的な問題とは、混雑車両で利益を稼ぐ営利主義社会への疑問でありそれを当然のこととする社会のあり方である。更には、混雑・遠距離通勤を生む非人間的な都市づくりや社会の構造、ライフスタイルにも疑問は及ぶだろう。hospitality の視点で考えると物事の根本に目が向き現下のパラダイム自体が検討の対象となってくるだろう。

　この問題をジェンダーの観点に関連させて考えると、「女性専用車両」で女性を守るという視線はひょっとしたら男性が気づいていない独りよがりな思い込みかもしれない。男性の目線でつくり上げられてきた社会の仕組みを

図終-2 「生まれ変わるとしたら?」の男女別意識

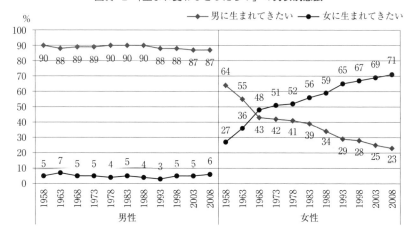

(注)　回答には表記の他「その他」「分からない」があるので足して100にならない。
(出所)　統計数理研究所「日本人の国民性調査」。

女性の目線で見直すと、男性だから見落としてきた価値や世界があるかもしれない。男性と女性を対立させようとしているのではない。男性、女性お互いに死角になっている世界や価値を相互に受容、補完し、新たな価値や世界を見つける思考である[12]。物事を解決し、新たな方策を見つけ出すのは、一方と他方を分離、異なるものを排除することではなく、その全体の中、すなわち多様性が混在する中（共に織り成される中）にこそ生み出されるのではないかという hospitality の視点である。

4　ホスピタリティの視点と男女共同参画社会の一考察

　世界経済フォーラム（WEF）が毎年発表する "The Global Gender Gap Report" によると日本のランキングは 144 か国中 111 位（2016、政治、経済の分野）で女性の社会的地位が低い。一方、統計数理研究所の「日本の国民性調査」によると、「もう一度生まれ変わるとしたら?」の問いに女性の7割強が「女性」と答えている（図終-2）。また、多国間で構成する国際社会調査プログラム（International Social Survey Program：ISSP）によると対男性

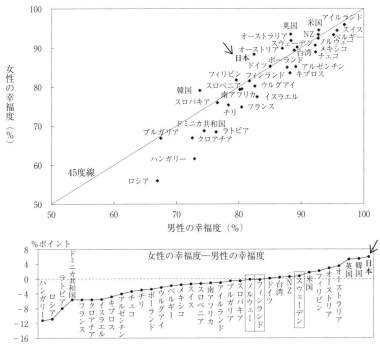

図終-3　男女の幸福度を世界比較で見る

（注）　国際的な継続的共同調査である ISSP（International Social Survey Program）の 2007 年調査（余暇とス
　　　　ポーツについての国際比較調査）による。幸福度は「とても幸福」と「ある程度幸福」の回答合計の割
　　　　合。NZ はニュージーランドの略。ベルギーはフランドル地域のみ。
（出所）　ISSP HP（http://www.issp.org/index.php）.

比較「女性の幸福度」（余暇とスポーツの分野）では日本が最も高くなってい
る（図終-3）。

　これらの報告や調査に見られる評価と日本人の意識のズレから即、日本社
会におけるジェンダーの位置付けが西欧基準では正確に反映されてないとす
る解に導くのは早計ではある。ただ、西欧の価値観や基準、ものの見方で日
本社会におけるジェンダーの様相や男女共同参画社会の形が見通せているだ
ろうかという疑問はある。WEF のランキングや ISSP の調査報告がより整合
性の取れたものとして日本社会を反映するためには、日本人や日本社会につ

いての我々の側（発信サイド）にも努力が求められていることは否めない。国や公的機関が発信している情報に加え、訪日観光のような「民」のインフラを通じて西欧の価値評価や基準の日本に向ける目や理解が進むとすれば、この「発信」の意義には西欧基準や評価の世界化というパラダイムへの一石を投じる含意にも繋がるだろう。

　「男女共同参画社会」は日本の重要な課題の一つである。1986 年に「男女雇用機会均等法」が施行され、1994 年に内閣府に男女共同参画を推進する組織 [13] がつくられ 25 年が経つが、上述の通り日本の Gender Gap は世界で 111 番目と信じられないランクに位置することが世界に発信されている。一方で、大学のキャリア教育科目の授業で卒業後のキャリア形成について尋ねたアンケート調査では、女子学生の 6 割以上が「専業主婦」に関心を示す。卒業後直ちにではなく就職後、出産を契機に子供を自分の近くで育てたいという記述が多い。政府の提示する「働き方改革」や指導的立場の女性（管理職）の比率を 2020 年に 30％ [14] に引き上げる目標とはかけ離れた結果に驚く。世界に目を向けた政府の答申と実際の若者の視点でなぜこのような乖離があるのだろうか。西欧社会の基準で設定する社会の形と日本の形では異なると見るべきなのだろうか。

　1950〜60 年代の高度経済成長は日本型の男性社会が築いた。少子高齢化が進み労働人口が減少する中で、今まで通りの男性型社会では成り立たないことは誰にも分かる。その減少した働き手に、今まで社会の一線に出ていなかった女性の力を借りようということである。であれば、男性主導型の構造を残したまま女性参画を進めるというのは木に竹を接ぐようなご都合主義になる。男性社会が築いた高度経済成長は女性の支えがあったからこそである。今、女性にも社会に出て共同参画というなら、この女性の支えの下で営まれてきた男性社会の構造を根底から再チェックすることもセットになっていなければならない。

　更に言えば、前項で述べた「男女の死角」という点にも目を向けてみたい。すなわち、築かれた男性主導社会と男性に見えない女性の視点で築かれる両方の社会が合体することで真の男女共同参画社会が生まれるという点である。

旅館の女将、舞妓・芸妓、客室乗務員などの例で示した女性ならではの視線（○のホスピタリティ）が生み出す「もう一つの社会」[15]とコラボする社会が日本型の Low Gender Gap 社会ではないか。「男女雇用機会均等」が叫ばれた 1980 年代の後半は、女性が望んでも叶い難い社会進出の壁があった。今は、望めば叶う。その望めば叶うようになった社会の下で、本当に望むのは「子供を近くで育てる」ということだとすれば、これに適合する社会の形を考えることも日本の方向になければならないだろう。イヴァン・イリイチが指摘した「シャドウ・ワーク経済」[16]という表現は自らが述べるように「シャドウ」というワードが本質を説明するのに必ずしも適切ではない。しかし、男性主導社会の水面下に「シャドウ」のように営まれてきた、女性が作るもう一つの経済圏という洞察は男女共同参画社会への鍵を握る重要なヒントを含んでいる。ホスピタリティが作る社会がイリイチの論点から見えてくる男女共同参画社会の日本型モデルとして参考になるのではないかと考えるのである。

第4節　ホスピタリティの過去、現代、未来

　我々はサービス産業化社会に生きている。国の GDP を支えるのはサービス産業であり、サービス産業の競争優位を支えるのは「ヒト」である。心のこもった対応や察する気遣いが商業の重要な武器となる時、「おもてなし」のハイカラな言葉としてホスピタリティは好都合であった。日本ではこのようにホスピタリティは商業化し業界用語として君臨した。商業の言葉であれば、流行という賞味期限が切れると廃棄される。

　本書では、ホスピタリティはその原義に戻れば現代社会の下で尚優れた英知や意義があることについて、理論だけに偏することなく実際の事例を引いてホスピタリティの現代的意義や社会との関わりという形で大きな可能性を持っていることを指摘した。ホスピタリティをめぐる誤謬や商業の業界用語化という位置付けからの脱却が本書の大きなテーマの一つであった。その際に、hospitality と類似の概念を持つ「おもてなし」文化との相互の関わりか

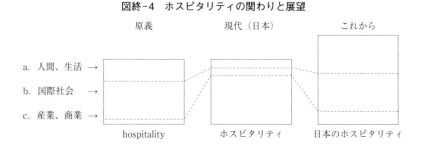

図終-4　ホスピタリティの関わりと展望

ら「日本のホスピタリティ」と言う考え方が必要になってくると考えた。そ
れは第5章に（○～◉）の形で示す、hospitality と「おもてなし」の両極を
稼働域にしながら成立する概念であることをホスピタリティ理論の中に提起
し「現代ホスピタリティ特論」として体系化することを試みた。

　この「日本のホスピタリティ」が、そのコアの部分に日本の「おもてなし」
精神を組み込んだ新たな考え方としてグローバル世界に発信することの意義
は大きい。グローバル化社会が必然とする多文化共生社会の重要なディシプ
リンとなるからである。すなわち、グローバル社会、日本社会の様々な事象
に関わり、その根底にあるとされるもの（パラダイム）を根本から見直す原
因を示し、根本からの変革を促す（パラダイムシフト）契機となるからである。

　ホスピタリティが時々の時代と関わるその様相や動向を時間軸で図示すれ
ば図終-4のようなイメージが描けるだろう。この図では、hospitality とい
う概念が誕生した過去においては人間社会や国際社会と密接に関わり、日本
の現代社会では産業・商業との関わりを強め、これからの時代ではホスピタ
リティの役割をより大きくしながら人間社会、国際社会との関わりを高める
ことを時間軸に沿って示している。ホスピタリティをめぐる誤謬の検証はホ
スピタリティの現代的意義と現代社会との関わりの考察であり、今後の時代
や社会への重要な指針の提言に繋げるものである。

注

（ 1 ）Amazon.co.jp で検索するとホスピタリティを冠にした一般書が 48 冊（2009）から261 冊（2012）と言うように急増している。

（ 2 ）鶴見和子、市井三郎（1974）『思想の冒険―社会と変化の新しいパラダイム―』、筑摩書房、pp.145‐186.

（ 3 ）航空統計便覧（2016）、一般財団法人 日本航空協会

（ 4 ）ELFAA (2004), Liberalization of European Air Transport、pp.7‐8 では、LCC 利用客に占める新規創出需要が 59％であったと報告され、そのうちの 71％は LCC が無かったら旅行はしていないと回答している。

（ 5 ）ダニエル・ベル、内田忠夫訳（1975）『脱工業社会の到来』、ダイヤモンド社。1960年代の初めに提唱した「脱工業社会」論では、産業社会の将来研究を通して、工業からサービス産業に社会がシフトしてゆくことを指摘した。

（ 6 ）福原義春（2008）「文化資本とホスピタリティ」、『iichiko 特集』、No.100

（ 7 ）クレイトン・M・クリステンセン、玉田俊平太監修（2001）『イノベーションのジレンマ』、翔泳社、第二部では様々な分野における破壊的イノベーションの事例を検証する。更に『イノベーションの最終章』（2014）、翔泳社、では米国 LCC の代表であるサウスウエスト航空のビジネスモデルを破壊的イノベーションとして紹介する（pp.191‐223）。

（ 8 ）杉山純子（2012）「LCC の成長戦略―破壊的イノベーションを通じた新市場の創出―」『運輸と経済』、第 72 巻第 12 号、pp.51‐55 では、上掲クリステンセンの「破壊的イノベーション」の概念を引用し、LCC の戦略に適用、説明する。

（ 9 ）Arlie R. Hochschild (1983) "Managed Heart" University of California Press, Ltd.

（10）崎山治男（2005）『心の時代と自己』、勁草書房、では「感情社会学は、われわれの感情経験が生理学・心理学によって形作られているという感覚に対抗して、むしろそれらが社会的なルールによって形作られ、コントロールしてゆくことの意味を問う〈社会学帝国主義〉の立場に立つものだと思う」と説明する（はじめにⅲ）。

（11）堀井光俊（1999）『女性専用車両の社会学』、秀明出版会、pp.142‐145（ジェンダーと女性専用車両）、pp.183‐187.

（12）イヴァン・イリイチ、玉野井芳郎訳（1984）『ジェンダー―女と男の世界―』、岩波書店、pp.91‐124、で I. イリリチは「女であるということは、男が知らないことを女が知っており、それらを表す言葉、それらに働きかける力を彼女たちが持っているということを自覚することである」と指摘する。

（13）1994 年に内閣総理大臣官房に男女共同参画室が設置（男女共同参画局に改組　2001年）され、男女の機会均等や男女共同参画に関わる様々な啓発活動が行われている。

（14）内閣府・男女共同参画推進連携会議「2020 年 30％の目標の実現に向けて」（平成 22
　　年 12 月閣議決定）。「日本企業の女性管理職の比率」（厚生労働省 2011）では、2009
　　年時点で課長職が 4.9％、部長職では 3％と報告されている。
（15）キャロル・ギリガン著、岩男寿美子監訳（1986）『もうひとつの声』、川島書店では、「〈異
　　なる声〉ということばは、性の違いによる〈異なる声〉と言う意味ではない」（頁 vii）
　　としつつ、「男女間の社会的な平等や公平を求めて差別を根絶しようとする努力が、
　　それにともなって社会科学の領域では男女間の違いが認識される様になる」（3 頁）
　　点を指摘する。科学や知識のカテゴリーですら男性視点であることに慣れてしまっ
　　ていないか糾問する興味深い展開を提示している。本項の論点の一助として引用した。
（16）イヴァン・イリイチ、玉野井芳郎訳（1984）『ジェンダー――女と男の世界―』、岩波
　　書店、p.94、では「シャドウ・ワークとは、材やサービスの生産と違って、商品の
　　消費者によって、とくに消費的な世帯でなされるものである」として、例えば卵料
　　理を作る主婦の動線から生じる経済をトレースして説明する。

【参考文献】

イヴァン・イリイチ、玉野井芳郎訳（1984）『ジェンダー――女と男の世界―』、岩波書店

キャロル・ギリガン著、岩男寿美子監訳（1986）『もう一つの声―男女の道徳観の違いと
　女性のアイデンティティ―』、川島書店

クレイトン・M・クリステンセン、玉田俊平太監修（2001）『イノベーションのジレンマ』、
　翔泳社

崎山治男（2005）『心の時代と自己』、勁草書房

杉山純子（2012）「LCC の成長戦略―破壊的イノベーションを通じた新市場の創出―」、『運
　輸と経済』

ダニエル・ベル、内田忠夫訳（1975）『脱工業社会の到来』、ダイヤモンド社

玉野井芳郎（1982）『生命系のエコノミー』、新評論

鶴見和子、市井三郎（1974）『思想の冒険―社会と変化の新しいパラダイム―』、筑摩書房

福原義春（2008）「文化資本とホスピタリティ」、『iichiko 特集』、No.100

堀井光俊（1999）『女性専用車両の社会学』、秀明出版会

Arlie R. Hochschild (1983)"Managed Heart"University of California Press, Ltd.

【コラム⑩】

「感情労働」とホスピタリティ

　21世紀は「心の時代」だといわれる。モノと貨幣の交換経済を軸に発展を遂げてきた社会から、「ヒト」に目を向ける時代は素晴らしいことに思える。サービス産業がＧＤＰの７割を占める現代社会では「人と人の関わり」が重要な鍵を握る。奇しくも50年以上も前に、ダニエル・ベル（社会学者）は『脱工業社会の到来』で社会がサービス産業化することを予想し、福原義春（資生堂）はサービス経済がホスピタリティ経済へとシフトすることを指摘している。

　「人」を抜きに成り立たない社会で「人の感情」が商品となることを社会学の視点から問題提起し感情社会学の分野を拓いたのは A. R. ホックシルドである（The Managed Heart–Commercialization of Human Feeling 1983）。デルタ航空の客室乗務員の調査を通して自分の気持ちから離れて「笑顔」で乗務し続けることが求められる「感情の商業的使用」、「感情管理」の問題を指摘する。更には、「感情労働」は女性の側に向けられる負荷という視点ではジェンダーの問題として位置付けられる。女性らしさ（feminine qualities）が企業に利用されるのである。

　「心の時代」が感情の商品化として、特に女性に負荷がかかる社会では19世紀の肉体労働の詐取が21世紀に感情労働に置き換えられただけになる。「おもてなし」やホスピタリティが双方向の喜びを生むことも見逃せない。AIが人間に代わる社会では、人間ならではの働きやあり方が問われる時代になる。ホスピタリティがどのような働きをするのか考える意味は大きい。

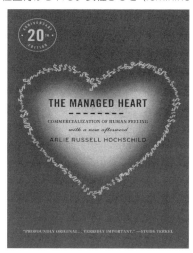

「管理される心」

あとがき

　ホスピタリティという分野は様々な学問的視点から研究の対象となってきた。社会学や心理学、哲学、経営学、教育学、産業論の視点など学際的な研究分野である。いずれは「ホスピタリティ」という一つの学域が体系化され様々な学問領域にも逆に影響を及ぼすようになるだろう。私の専門領域では国際航空公法や航空産業論がホームグラウンドになるが、近年はキャリア教育の分野でも情熱を注いできた。実は、これら私の専門とする領域でクロスし重なる所にホスピタリティがあり、いわばこの学際的な視点で研究対象にしてきた。

　越境する国際航空の探求は、異なる他者に対する心の壁（偏見や差別）を超えることに繋がり、グローバル人材の育成に関わるキャリア教育とも軌を一にする所がある。これらを貫くディシプリンとでもいうべきものにホスピタリティの視点を求めることができると考える。

　起稿から脱稿まで3年猶予が過ぎている。その前の構想段階からすると6年になる。考え方の未整理や矛盾に遭遇したことも一因だが、何より実社会にとっての意義（役割）や意味（働き）の予測と実証に時間を要したことが大きい。まだまだ解明し足りない所や体系立てを完成させたい所は残っている。その意味で本書は「現代ホスピタリティ論」の総則にあたる。この後にホスピタリティ・マネジメント事例研究を通して各論部分を充実させ、更には、全体を貫く提言をまとめた「現代ホスピタリティ論‐提要」に到達すればと思う。

　このような揺れ動きの間にも、辛抱強く静かに見守り適切なアドバイスを随所でいただいた唯学書房の村田社長には感謝の一念に尽きる。謝して御礼申し上げたい。また、議論の相手となり忌憚のない指摘をゼミ生や家族から

貰ったことも大きい。本書で少しでも意が尽くせていることを願っている。

山路　顕

【著者紹介】

山路　顕（やまじ　あきら）

1950年生まれ。大阪府出身。同志社大学法学部卒業と同時に全日本空輸株式会社（ANA）（法務部）に入社。法務部でロッキード事件を経験。グローバルアライアンスの導入にANAアライアンス室長として推進を担う。米国Embry-Riddle Aeronautical Graduate School, でMBAを取得（1981年）。ANA総合研究所の主席研究員として青山学院大学、玉川大学の兼任講師を経て、獨協大学特任教授（2010～2013年）、立命館大学共通教育推進機構教授（2013～2018年）。現在、非常勤で立命館大学のキャリア教育科目を担当。日本ホスピタリティ・マネジメント学会理事、国際交流委員会委員長（2017年～）。

〈主要著書〉

『航空産業入門』（共著〔全体編集〕、東洋経済新報社、2008年）、『エアラインオペレーション入門——出発から到着まで：あなたの疑問にお答えします！』（共著、ぎょうせい、2010年）、『日本の航空百年』（共著、財団法人日本航空協会、2010年）、『航空とホスピタリティ』（編著、NTT出版、2013年）、『観光交通ビジネス』（共著、成山堂書店、2017年）ほか。

現代ホスピタリティ論

——その原義から現代的意味を読み解く

2020年2月10日　第1版第1刷発行　　　※定価はカバーに
　　　　　　　　　　　　　　　　　　　表示してあります。

著　者——山路　顕

発　行——有限会社 唯学書房

　　　　　〒113-0033　東京都文京区本郷1-28-36　鳳明ビル102A
　　　　　TEL　03-6801-6772　　FAX　03-6801-6210
　　　　　E-mail　yuigaku@atlas.plala.or.jp

発　売——有限会社 アジール・プロダクション

装　幀——林 慎悟（D.tribe）

ＤＴＰ——株式会社ステラ

印刷・製本——モリモト印刷株式会社